Emil Braun

Deutsch-Amerikanische Feinbäckerei und Konditorei

KOCHBUCH VERLAG

Emil Braun

Deutsch-Amerikanische Feinbäckerei und Konditorei

ISBN/EAN: 9783944350479

Auflage: 1

Erscheinungsjahr: 2013

Erscheinungsort: Bremen, Deutschland

@ Kochbuch-Verlag in Access Verlag GmbH, Fahrenheitstr. 1, 28359 Bremen. Alle Rechte beim Verlag und bei den jeweiligen Lizenzgebern.

KOCHBUCH VERLAG

Deutsch=Amerikanische

Feinbäckerei

—— und ——

Conditorei,

—von—

EMIL BRAUN,

Author of "Perfection in Baking."

Dieses Buch ist das erste Werk dieser Art, das als zuver=
lässig und unentbehrlich garantiert wird
für jeden Bäcker und Conditor.

Keine aus deutschen Büchern abgeschriebenen Re=
zepte, jedes ist den amerikanischen Materialen
und Gewichten angepaßt und erprobt.

Preis: Einfach gebunden, 50 Cents. Mit eleganter Decke, 75 Cents.

Vorwort!

Nachdem mein englisches Buch "PERFECTION IN BAKING," solch guten Anklang fand, wegen seiner einfachen Zusammenstellung der Rezepte und der Gründlichkeit der Formeln, so wurde ich von Freunden und Fachgenossen aufgefordert, ein ähnliches Werk in deutscher Sprache herauszugeben.

Aber ein englisches Buch gerade in deutsche Worte zu übersetzen, wäre sehr unpraktisch und zum Theil auch unausführbar. Manches Material, hier gebraucht, bekommt, so wörtlich übersetzt, einen ganz anderen Namen, der in Deutsch lächerlich aussehen würde. Auch gehören in dieses Buch deutsche Rezepte, aber dem amerikanischen Geschmacke angepaßt.

Dieses Buch ist daher das erste Werk dieser Art, das als zuverläßlich und unentbehrlich für jeden deutschen Haushalt, Bäcker und Conditor garantiert werden kann.

Keine abgeschriebenen Rezepte aus deutschen Büchern, jedes Rezept ist den amerikanischen Materialen, Gewichten u. s. w. angepaßt, und erprobt.

———

Der Erfolg eines Buches ist jetzt nicht mehr soviel von der Anzahl der Rezepte und Dicke des Buches abhängig, als von der Zuverlässigkeit der einzelnen Formeln und Regeln.

Deßhalb habe ich es mir zur Aufgabe gemacht, nicht zehn und mehr derselben Rezepte mit nur kleinen Abänderungen zu wiederholen, um so viel mehr Nummern aufzählen zu können.

Jedes einzelne meiner Rezepte ist für sich vollständig beschrieben, damit auch Unerfahrene dessen Zusammensetzen verstehen und bald jede einzelne Formel den Preis des Buches werth ist.

Deßhalb bin ich auch des Erfolges dieses Buches gewiß als **Rathgeber, Nachschlagebuch und Belehrer** für den professionellen Bäcker und Conbitor sowohl, als auch für die deutsche Hausfrau und Köchin.

In der Gewißheit, daß sich mein Bestreben, die besten, zuverlässigsten und einfachsten Grundlagen und Rezepte der deutschen Feinbäckerei anzugeben, als erfolgreich beweist, zeichnet

Achtungsvollst

Der Verfasser

EMIL BRAUN.

Utica, N. Y., im Januar 1895.

REID'S
PORTABLE OVEN.

Zeugnisse und Empfehlungen von den besten Bäckern in allen Staaten stehen zur Verfügung.

Schreibe, was verlangt, und erhalte unsere Preise. Jedermann interessirt, Anstalten u. s. w., sende für mein Circular. Ich habe den Backofen in 3 Größen, für 50, 80 und 120 Laib Brod. Gerade so gut für das Rösten von Fleisch, Hühnern 2c., wie zum Brod backen. Tausende im Gebrauch. Was so viele verlangen, ist in diesem, meinem Ofen vereint. Kann nach einigem Ort versendet werden und ist auch überall zu finden. Erspart viel Feuerungsmaterial.

A. Reid, 119 Main St., Buffalo, N.Y.

Erſte Abtheilung.

Zubereitetes Gewürz, Mehl und Teig für Pies. — Amerikaniſcher, Holländiſcher und
Franzöſiſcher Paſtetenteig. — Wiener Fruchttortenteig, Pies,
Tarts, Crême-Törtchen, u. ſ. w.

Zubereitetes Pie-Gewürz.

Täglich wird in jedem Haushalte eines der beſten Gewürze, die Rinde der
Citrone unbeachtet verdorben; und doch würde es nur einen Augenblick nehmen,
das Gelbe dieſer Rinde (bevor wir die Citrone aufſchneiden) abzureiben, mit
etwas Zucker zu überſtreuen und mit einigen Tropfen Waſſer in ein gut ver=
ſchließendes Gefäß zu thun.

Durch dieſes ſo wenig zeitraubende Verfahren kann man faſt koſtenfrei das
feinſte Citronenextrakt für das ganze Jahr erhalten.

2 Eßlöffel dieſer Citronenſchale, 1 Eßlöffel Zimmet, 1 Eßlöffel Allspice,
½ feingeriebene Muskatnuß, 2 Taſſen braunen Zucker, miſche gut und bewahre
an einem kühlen, trockenen Orte auf, und Sie haben das unübertrefflichſte Ge=
würz immer fertig zum Gebrauch.

Mehl für Pies.

Gutes Winterweizenmehl (Kuchenmehl) iſt billiger und auch beſſer für Pie=
teig, wie das ſogenannte Spring Patent Flour (Brodmehl.)

Für Paſtetenteig nehme ich gewöhnlich halb Kuchen= und halb Brodmehl, zu=
ſammengeſiebt.

Wie Pies zu machen sind.

Die Piebleche sollten immer dünn gestrichen sein (mit Butter), und dann mit Mehl, oder was noch besser, mit Paniermehl (cracker dust) bestaubt werden, da durch dieses Verfahren, falls der Pie einen oder mehrere Tage stehen sollte, dieser den Blechgeschmack nicht annimmt.

Nehme für den Boden immer etwas gewöhnlicheren Pieteig, oder auch die Abfälle vom Tage zuvor, und rolle diesen aus. — Für Aepfel und frische Frucht im allgemeinen ist es rathsam, den Boden erst mit Kuchenkrümmeln zu bestreuen, da diese den Fruchtsaft während des Backens aufsaugen, und somit ein Aus= oder Ueberlaufen des Pies verhindern. — Zu frischen Fruchtpies, die verpackt werden sollen, gebrauche folgendes Rezept:

Mische die Beeren mit genug Zucker und etwas Wasser, und lasse über Nacht stehen. Bevor dem Gebrauch gieße den über Nacht entstandenen Saft ab und koche diesen. Dann rühre rasch 2 Eßlöffel aufgelöstes Stärkemehl für jedes Pint Saft hinzu. Sobald es dick wird, mische die Beeren darunter und gebe etwas zu= bereitetes Gewürz dazu.

Gewöhnlicher Pieteig für Böden.

Mische 2 Pfund Mehl mit 1 Pfund Schmalz und 1 Theelöffel Salz trocken. Hierzu gieße genug Eiswasser, um einen festen Teig zu erhalten. Arbeite jedoch die Masse so wenig wie möglich, nur genug, um die Masse zusammenzuhalten. Der Teig sollte vor dem Gebrauch auf dem Eis ruhen.

Besserer Pieteig für Deckel.

2 Pfund Mehl, 1½ Pfund Butter und Schmalz, 1 Theelöffel Salz und 1 Eßlöffel Backpulver. Behandle gerade wie obigen Pieteig.

Amerikanischer Pastetenteig.

Zerdrücke leicht 1 Pfund in Eiswasser zart gewaschene Butter in 1 Pfund Mehl und 1 Unze Backpulver (baking powder). Dann nehme 1 Ei, 1 Thee= löffel Salz und Eiswasser, und mache aus dem Ganzen einen Teig von derselben Steife, wie die Butter. Alsdann rolle den Teig ungefähr 18 Zoll lang und 10

Zoll breit aus; schlage das rechte Ende und dann das linke Ende so ein, daß beide in der Mitte des Teiges zusammen kommen. Dann lege ihn noch einmal zusammen, so daß der Teig ungefähr 4½—5 Zoll lang und noch 10 Zoll breit ist. Dann lege ihn für eine halbe Stunde in den Eisschrank oder Keller; dann rolle ihn wieder 18x10 Zoll aus und schlage gerade so ein, wie erst. Lasse aber= mals eine Stunde ruhen; wiederhole dasselbe zweimal mehr, so daß der Teig viermal ausgerollt und wieder eingeschlagen wird.

Für Törtchen oder Pastetenhülsen rolle alsdann den Teig ¼ Zoll dick aus, steche mit einem Ausstecher aus und lege auf nicht geschmiertes Kuchenblech; und so genug Zeit, stelle dieses an einen kühlen Ort und lasse den Teig ruhen. Wenn fertig zum Backen, nehme einen kleineren runden Ausstecher, tauche diesen in heißes Wasser, und presse damit in die Mitte der Pastete, nicht ganz bis zum Boden. Backe dann in heißem Ofen. Wenn gebacken, nehme ein dünnes Messer, schneide mit diesem sorgfältig das Mittelstück heraus, und die Pastete ist fertig zum Füllen.

Da dieses Rezept, nicht wie andere für Pasteten oder Blätterteige, eine lange Erfahrung verlangt, schneller und sicherer arbeitet, so ist es besonders für die amerikanische Küche unübertrefflich.

Holländischer Pastetenteig.

Wasche 1 Pfund Butter in Eiswasser, zart; nehme 1 Pfund Mehl, ¼ Pfund der gewaschenen Butter, ½ Theelöffel cream of tartar oder Rum, oder auch Backpulver, 1 Ei, 1 Theelöffel Salz und knete dies mit etwa ½ Pint Eiswasser zu einem zarten Teig. Lasse einige Zeit stehen, dann rolle den Teig in einen langen Streifen, breche die noch übrigen ¾ Pfund Butter in kleine, nußgroße Stücke und lege diese über den ganzen Streifen Teig. Dann nehme das linke Ende und schlage dieses ⅓ ein, lege sodann das rechte Ende über dieses, und rolle das Ganze, ohne mehr Mehl zu stauben, als unbedingt nöthig ist, ein An= hängen des Teiges zu verhindern, zu ¼ Zoll Dicke aus. Lege dann gerade wie amerikanischen Pastetenteig ein und verfahre ganz wie mit diesem.

Französischer Pastetenteig.

1 Pfund Mehl wird mit 1 Ei, 2 Unzen Butter, 1 Gläschen Rum und Eis-wasser zu einem steifen Teige angerührt. Dieser Teig wird so lange gewirkt, bis er klar wird, muß aber dann eine halbe Stunde stehen bleiben, und wird dann Grundteig genannt.

Dieser Grundteig wird mit dem Rollholze dünn ausgerollt; 14 Unzen gut in Eiswasser gewaschene Butter wird dann so darauf gelegt, daß, nachdem der Grundteig von allen vier Seiten darüber gelegt, die Butter in der Mitte des Teiges ist. Dies wird dann zu ¼ Zoll Dicke, sehr behutsam, damit die Butter nicht herausgequetscht wird, ausgerollt. Dann lege den Teig wieder vierfach zu-sammen. Da bei dem Ausrollen etwas Mehl gestaubt werden muß, kehre dieses, bevor der Teig zusammengelegt wird, von diesem gut ab. Mehl schadet der Schönheit der Waare. Dann rolle den Teig noch viermal aus und überschlage denselben gerade so viel Mal.

Als Probe von des Teiges Güte. — Steche ein kleines, dünnes Scheibchen aus und backe in flüchtiger Hitze; sollte dann Butter herausschmelzen oder die Scheibchen auf eine Seite fallen, so muß der Teig noch einmal ausgerollt und zusammengelegt werden.

Wiener Tortenteig oder Mürbteig.

Zerhacke 10 Unzen gewaschene Butter mit 1 Pfund Kuchenmehl, 6 Unzen Zucker, 1 Eßlöffel des zubereiteten Gewürzes (siehe 7. Seite), und knete dann mit 3 Eiern in einen leichten Teig. Wenn möglich, nehme anstatt 3 Eiern 6 Eigelbe, da diese den Teig mehr mürbe machen. Dieser Teig wird in Europa besonders für die feinsten Fruchttorten verwendet.

Gedunstete und getrocknete Frucht.

Ueberraschender Erfolg ist gewiß, so nachstehende Instruktion genau befolgt wird:

Weiche niemals Piefrucht über Nacht ein. Zu einem guten Quart kochendem Wasser nehme ½ Pfund Beeren, Aepfel oder Aprikosen, ½ Theelöffel Salz, und koche 10 Minuten, bis die Frucht gut aufgegangen ist. Dann gebe ¾ Pfund

Zucker, 1 Theelöffel Butter hinzu und koche 5 Minuten länger. Dann rühre 2 Unzen oder 4 Eßlöffel Stärkemehl, welches in ein wenig Wasser aufgelöst ist, hinzu und lasse das Ganze abkühlen. Für Aprikosen oder Prunelles nehme mehr Zucker, und da diese beinahe zu reichhaltig sind, können immer ein paar Aepfel mitgekocht werden. Zubereitetes Gewürz (siehe 7. Seite) kann mit Vortheil fast zu allen Pies verwendet werden.

Custard Pie (3 Pies).

Lege ein tiefes Pieblech mit gewöhnlichem Teige aus, fülle mit Custard und backe ungefähr 20 Minuten.

Custard: Schlage 6 Eier mit 4 Unzen Staubzucker, 1 Eßlöffel geschmolzener Butter, ½ Theelöffel Salz, 2 Unzen Mehl oder Stärkemehl, 1 Theelöffel von einigem Extrakte, und 3 Pint Milch auf, dann lasse dieses durch ein Sieb laufen.

Dieses ist auch ein ausgezeichnetes Rezept für Tassen- oder Cup Custard.

Lemon Pie.

Koche 1 Quart Wasser mit 1 Tasse Aepfel (frische, getrocknete oder eingemachte), ¾ Pfund Zucker, bis die Aepfel weich sind. Dann rühre 3 Unzen oder 5 Eßlöffel in Wasser aufgelöstes Stärkemehl hinzu, und lasse dann abkühlen. Wenn kalt, füge 5 bis 6 Eier, ½ Theelöffel Salz, den Saft von 3 Citronen, das abgeriebene Gelbe von 2 Citronen, und 1 Eßlöffel Butter hinzu. Treibe dieses durch einen Durchschlag und fülle die mit Teig ausgelegten Piebleche. Wird französischer Lemon-Pie verlangt, belege ein flaches Pieblech mit amerikanischem Pastetenteig, einen Extrarand darum legend; fülle und lege darauf vier schmale Streifen Teig den langen und vier den breiten Weg.

Lemon Meringue Pie.

Lege einen flachen Pieteller mit Pastetenteigabfällen aus, bestreiche den Rand mit Ei, lege einen 1 Zoll breiten Rand darauf, und backe leicht aus.

Unterdessen bereite folgende Crême: 1 Quart Wasser, koche mit 6 Unzen Zucker; verrühre 4—6 Eigelbe oder 3 ganze Eier mit 2 Unzen Stärkemehl, den

Saft von 2 Citronen, die abgeriebene Schale von 2 Citronen und rühre dies rasch in den kochenden Syrup; rühre bis das Ganze ein dicker Crême ist. Wenn abgekühlt, fülle die Pies damit fingerdick und bestreiche den Crême mit leichtem Meringue, wofür folgendes Rezept gut sein dürfte :

Schlage 8 Eiweiß recht steif, und dann mische ½ Pfund Staubzucker, immer eine Handvoll nach der andern, darunter.

Die Teller können auch mit gewöhnlichem Teig ausgelegt werden, gut mit Mehl bestaubt, mit Erbsen oder Bohnen ausgefüllt werden, und so gebacken. Dann werden die Erbsen wieder herausgeschüttet und der Crême hineingefüllt. Ein einfacheres Verfahren ist unter C h o c o l a d e C r ê m e P i e zu finden.

Chocolade Crême Pie (2 Pies).

Koche 1 Quart Milch mit ½ Pfund Zucker und 3 Unzen Chocolade, wenn kochend, rühre hierzu rasch 4 Eßlöffel Stärkemehl, aufgelöst in 2—3 Eiern.

Belege ein flaches Pieblech mit amerikanischem Pastetenteig, bestreue diesen gut mit Paniermehl, dann presse ein anderes Pieblech von derselben Größe darauf; schiebe in den Ofen, wenn halb gebacken, nehme das obere Blech ab und lasse dann vollständig ausbacken. Dann fülle mit dem Crême und lasse abkühlen.

Pfirsich-Meringue.

Europäisches Rezept, sehr fein.

Schäle ungefähr 6 reife Pfirsiche in dünne Scheiben, füge ½ Pfund Staubzucker hinzu und vertheile in 12 tiefe Untertassen. Dann überstreiche dieses mit obigem Meringue. Wenn im Besitze eines Dressierbeutels mit Sterntülle, so kann man dasselbe ein wenig verzieren. Bestaube mit etwas Staubzucker und streue einige feingeschnittene Mandeln darüber. Dann backe rasch, bis schön braun.

Pumpkin oder Squash Pies (5 Pies).

Schneide die Hälfte eines kleinen Kürbisses auf und koche bis weich; gieße das Wasser ab und drücke das jetzt trockene Fleisch durch den Durchschlag. Schlage 6 Eier mit ½ Pfund Staubzucker, ½ Theelöffel Salz, 1 Theelöffel Ingwer, und ½ geriebene Muskatnuß gut auf. Dann füge das Kürbisfleisch, 1 Quart Milch und 1 Eßlöffel geschmolzene Butter hinzu, drücke alles durch ein feines Sieb und fülle die mit Pieteig ausgelegten, tiefen Piebleche. Backe wie Custard Pie, 20—30 Minuten. Kommt die Füllung über den Rand des Bleches, so dürfte der Pie gebacken sein. Um ganz gewiß zu sein, ob Custard Pie, Pumpkin, Squash Pie ꝛc. gebacken ist, stecke ein Messer durch die Mitte des Pies. Wenn beim Heraus=ziehen nichts am Messer hängt, dann ist derselbe gebacken.

Sollte der Boden noch nicht ganz reif sein, so stelle den Pie auf eine heiße Ofenplatte, bis vollständig gebacken.

Mince Meat für Pies.

4 Pfund Aepfel, 2 Pfund gekochtes, mageres Rindfleisch, fein gehackt, 2 Pfund Rosinen (wenn möglich gesteinte), 1½ Pfund braunen Zucker, 2 Pfund Corinthen, 1 Pfund fein gehacktes Citronat, ½ Muskatnuß, 4 Unzen gemischtes Gewürz, ent=weder Branntwein oder Apfelwein (Cider), je nach Geschmack, dann gieße genug von der Fleischbrühe darüber, um das Ganze gut feucht zu haben und füge noch das Gelbe der Rinde von 3 Citronen hinzu.

Gewürz- oder Washington-Pie.

Belege flache Piebleche mit gewöhnlichem Pieteig, bestreiche dünn mit Gelée oder Marmelade; dann mische gut zusammen ¾ Pfund Krümmel, gesiebt, ½ Pfund Schmalz, 1 Quart Molasses, ¾ Quart gutsauren Rahm oder Wasser, 1 guten Theelöffel Backsoda, 1 Ei, ½ Pfund Corinthen, ein wenig fein gehacktes Citronat, ein wenig Citronen= und Vanille=Extrakt, 1 Eßlöffel Zimmt oder zu=bereitetes Gewürz (siehe 7. Seite) und verdicke mit genug Kuchenmehl zu einem zarten Teig. Breite diesen über das Gelée und backe langsam. Wenn gebacken, bestreue mit Staubzucker. Zwei oder drei Tage alt, mundet dieser Pie besser, als wenn frisch.

Madelaine Pies oder Tarts.

Belege Piebleche oder Tortenförmchen mit amerikanischem Pastetenteig, und bestreiche diesen dann mit Gelée und fülle mit: Rühre leicht zusammen 1 Tasse Zucker, ½ Tasse süße Mandeln, fein gestoßen, (oder auch Heide's Almond paste), 6 Eigelb oder auch 3 ganze Eier, 2 Eßlöffel geschmolzene Butter, ¾ Tasse

Kuchenmehl. Sollte sich diese Mischung ein wenig zu steif zeigen, so füge ein wenig Milch oder Rahm hinzu, dann schneide von dem Pastetenteig ¼ Zoll dicke schmale Streifen ab und lege diese, einen kleinen Zwischenraum lassend, über den Pie nahe zusammen. Backe bei mäßiger Hitze. Sollte der Pie von oben zu schnell Farbe bekommen, so lege ein starkes, gut mit Schmalz oder Butter bestrichenes Papier über diesen. Nach dem Backen glaziere.

Reis-Pie.

Lege das Blech wie für Custard=Pie aus. Koche eine Tasse Reis mit ½ Theelöffel voll Salz weich. Schlage 4 Eier mit ½ Tasse Zucker leicht auf, und rühre den Reis, ½ geriebene Muskatnuß, ein wenig Citronenschale oder Zimmet, 1 Quart Milch oder Rahm und 2 Eßlöffel Butter darunter. Dann presse Alles durch den Durchschlag, fülle und backe wie Custard=Pie.

Southern Custard- oder Kartoffel-Pie.

Koche oder backe 4 gute Kartoffeln, schäle und schlage diese mit 4 Unzen Staubzucker und 5 Eier auf. Dann füge 1 Unze Mehl, 1½ Quart Milch, ½ Muskatnuß, ½ Theelöffel Salz und 1 Eßlöffel Butter hinzu und fülle in Piebleche, die wie für Custardpies ausgelegt und backe auch wie diese.

Gelbrüben, Karrotten und süße Kartoffel können auf diese Weise gebraucht werden.

Rhubarb-Pie.

Schäle den Rhubarb, schneide in kleine Stücke, mische mit genug Zucker und lasse über Nacht stehen; dann gieße den entstandenen Saft ab, setze diesen ans Feuer und, wenn kochend, füge den Rhubarb hinzu, koche 2 Minuten länger und füge dann 2 Unzen aufgelöstes Stärkemehl hinzu und lasse kühlen. Ein wenig Zimmt hinzugefügt erhöht den Wohlgeschmack. Stachelbeeren werden auf dieselbe Art zugerichtet.

Kirschenkuchen mit Rahmguß.

Belege ein flaches Pieblech (layer cake pans) mit amerikanischem Pasteten= teig, bestreue dann den Boden gut mit Paniermehl, und lege darauf eine Lage ausgesteinter Kirschen und backe halb gar; dann gieße folgenden Guß darüber und backe 5—7 Minuten länger. Guß: 4 Eier, 4 Unzen Zucker, Zimmt, 2 Unzen Mehl, alles gut gemischt, und dann füge ½ Pint sauren Rahm dazu.

Johannisbeerkuchen mit Guß.

Belege ein flaches Pieblech mit Mürbteig und mache den Rand besonders dick; fülle mit Folgendem und backe langsam: Schlage 5 Eiweiß zu steifem Schnee, 8 Unzen Staubzucker nach und nach hinzufügend. Dann hierzu 2 Unzen gehackte Mandeln, ½ Pint sauren Rahm und zuletzt 1 Pint Johannisbeeren. Im Winter können eingekochte Johannisbeeren oder auch 1 Pfund gewaschene Corinthen ge= braucht werden.

Frankfurter Vanille Crême Törtchen.

Belege Törtchenförmchen mit Mürbeteig, mache Rand extra dick und backe. Schlage 6 Eiweiß zu einem steifen Schnee, füge dann nach und nach 6 Unzen Staubzucker, dann 4 Eigelbe, 2 Eßlöffel aufgelöste Hausenblase (Gelatine) und 1 Eßlöffel Vanilleextrakt oder Vanillezucker. Gieß in die gebackenen Förmchen und setze diese in den Eisschrank. Für Vanille kann auch einiges andere Ex= trakt, Citronen= oder Orangensaft genommen werden.

Aepfel-Auflauf (Flamri Tarts).

Lege ein Pieblech mit Mürbteig und am Rande extra dick aus; bestreue mit Paniermehl, schneide Aepfel in dünne Scheiben, lege diese auf den Pieboden in Lagen, nahe zusammen, bestreue mit Zucker, zubereitetem Gewürz, Corinthen, Mandeln und backe halb gar. Dann gieße den im Kirschenpie angegebenen Guß darüber und backe wie diesen.

Französische Crême-Törtchen.

Lege Pasteten= oder Törtchenformen mit amerikanischem Pastetenteig aus und backe wie unter Chocolade Crême=Pie angeführt und fülle die Törtchen mit Gelée, Marmelade oder Crême. Auch für Austern sind diese geeignet.

Metropolitan Crême- oder Gelée-Törtchen.

Lege und backe die Förmchen aus wie oben, und fülle mit Gelée oder Crême einiger Sorte, dann schlage einen leichten Meringue und überstreiche die Törtchen gut damit und lasse im Ofen braun werden.

Goldene Regeln für Pie- und Kuchen-Bäckerei.

Frische Frucht sollte immer mit Zucker gemischt werden, bevor dieselbe in Pies gefüllt wird.

Ein wenig Butter giebt der Frucht einen feineren Geschmack.

Jedes Pieblech sollte gut geschmiert und mit Paniermehl bestreut werden.

Trockne, stoße und siebe alle zerbrochenen Cräkers und verwahre trocken für Paniermehl.

Meine allgemeinen Instruktionen sollten immer genau befolgt werden. Die Extrakte können nach Belieben geändert werden.

Ein jedes der vorstehenden Rezepte kann auch mit anderer Frucht gebraucht werden.

Mache eine kleine Oeffnung in die Piedecke, um den Dampf herauszulassen. Bei frischen Fruchtpies schneide ein kleines Loch in die Mitte des Deckels und in dieses setze ein kleines rundes Rohr aus Blech oder Papier. Der Dampf steigt durch dieses wie durch einen Rauchfang.

Gebrauche niemals weiche Butter oder Schmalz zu Pie= oder Pastetenteig. Wasche immer erst gut in Eiswasser aus.

Das Rezept für amerikanischen Pastetenteig ist, wenn genau nach Vorschrift gemacht, für manchen Koch mehr werth, als der Preis des Buches beträgt.

Heidel=, Blau= oder Stachelbeeren sollten immer mit einigen sauren Aepfeln, frischen oder eingemachten, vermengt werden, da dies deren Geschmack erhöht.

Gutes Stärkemehl kann mit Vortheil auf verschiedene Weise beim Piebacken verwendet werden. Als feinste Qualität kann Kingsford's Oswego Starch empfohlen werden.

Habe immer einen Vorrath des zubereiteten Gewürz an Hand, da dieses den Wohlgeschmack fast jeder Frucht erhöht.

Nehme nie zu viel Extrakt, insbesondere von Mandelextrakt oder Zimmt.

Getrocknete Aepfel, sehr weich gekocht und durch ein Sieb gedrückt, sind aus= gezeichnet für Meringue=Pies.

Der Erfolg im Piebacken hängt besonders vom Kneten des Teiges ab. Ar= beite aber niemals länger als unbedingt nöthig, und lasse so lange wie möglich an einem kalten Orte, besser auf Eis, stehen.

Gebrauche nie mehr als 4 Eier zu 1 Quart Milch für Crême (Custard).

3 Unzen Zucker sind genug für jedes Quart Milch, für jeden Crême.

Für gebackene Pot Pies, Fleisch oder Frucht, gebrauche amerikanischen Pa= stetenteig.

Ein wenig Zimmt oder Meringue dürfte bei Stachelbeeren beigefügt werden.

Für Aepfel gebrauche immer das zubereitete Piegewürz.

Im Allgemeinen ist eine Hitze von nicht unter 400 Grad Fahrenheit zu em= pfehlen.

ALPHONSE PINARD BRAND

—— FINEST ——

VIRGIN OLIVE OIL.

Deren Feinheit wurde noch niemals übertroffen. Selten von anderen Sorten eingeholt.

✳ Gebraucht und empfoßlen vom Verfaffer. ✳

Zu haben in jedem feinen Grocery= oder Delikateffen=Laden in den Vereinigten Staaten.

Zweite Abtheilung.

Kalte und gekochte Puddings, Soufflé.

Brod-Pudding.

Cottage Brod-Pudding, für 10 Personen: Weiche ½ Laib trockenes Brod oder auch 6 Wecke mit 1 Quart Milch auf.

Schlage 6 bis 8 Eier, 1 Tasse Zucker, 1 Theelöffel Vanille, ½ Theelöffel Salz, 2 Eßlöffel Butter und vermische mit dem aufgeweichten Brod. 1 Tasse große Rosinen, ¼ Muskatnuß. Backe in einer mit Butter bestrichenen und mit Zucker bestreuten Form oder Porzellanschale, welche dann in eine halb mit kochendem Wasser gefüllte Pfanne gesetzt wird.

Brod- und Butter-Pudding.

Schneide fingerdicke Scheiben Brod, bestreiche mit Butter und fülle damit die hierzu bestimmte Form halb voll und gieße einen Crême darüber, wie für Custard-Pie, und backe wie obigen.

Farina- (Kerngries-) Pudding.

Rühre ½ Pfund Kerngries in 1 Quart Milch, weil kochend, bis das Ganze dick ist, dann lasse abkühlen. Sodann rühre ½ Pfund Zucker, 6 Eigelb, die abgeriebene Rinde einer Citrone oder 1 Theelöffel Extrakt und die zu steifem Schnee geschlagenen 4 Eiweiß, 1 Theelöffel gesiebtes Backpulver und ½ geriebene Muskatnuß hinein. Backe in nicht zu heißem Ofen für 1 Stunde in Wasserbad.

Farina-Auflauf.

Verfahre wie oben, aber gebrauche 8 Eier, und backe in heißem Ofen, ohne denselben in eine mit Wasser gefüllte Pfanne zu setzen, wie Puddings. Indian Pudding and Soufflé wird behandelt wie Farina-Pudding.

Tapioca-Pudding.

Rühre ½ Pfund Tapioca oder Sago in 3 Pint kochendes Wasser und setze auf ein langsames Feuer, beständig rührend, damit sich die Tapioca nicht am Boden anhängt. Wenn weich, d. h. Geléeähnlich, gieße in einen Patent-Doppel-kocher (oatmeal boiler) mit 1 Pint Milch, ¼ Pfund Butter und koche 20 Minu-ten länger. Wenn wieder abgekühlt, schlage gut auf und mische gründlich mit 4 Eiern, 6 Unzen Zucker, 1 abgeriebene Citronenrinde und ein wenig Muskatnuß. Backe in nicht zu heißem Ofen für ungefähr 40 Minuten.

Sago-Pudding wird wie Tapioca-Pudding behandelt.

Cottage Reis-Pudding.
(10 Personen.)

½ Pfund Reis und 3 Pint kochendes Wasser, setze in einem emaillirten Topf auf ein langsames Feuer, koche bis weich und schön aufgeschwollen. Sollte der Reis zu trocken einkochen, so gieße mehr heißes Wasser hinzu. Wenn fertig, lasse abkühlen und verfahre wie mit Tapioka. Reis braucht nie über Nacht aufge-weicht zu werden, sondern wird, nachdem gewaschen, sofort mit heißem Wasser auf's Feuer gestellt.

Sultana Reis-Pudding.

Genau wie oben, und füge 1 Tasse Sultanen-Rosinen (seedless raisins) hinzu.

Reis-Pudding (einfach).

Gieße über 1 Pfund Reis 2 Quart kochendes Wasser und koche sehr weich. Dann gieße die abgeriebene Rinde 1 Citrone, 1 Pfund Zucker, ein wenig Mus-katnuß, 2 Eßlöffel Butter und 2 Eßlöffel Stärkemehl hinzu. Wenn alles Wasser eingekocht ist, gieße 1 Pint Milch darüber und lasse diese auch wieder einkochen. Dann verpacke sorgfältig in eine Form (mould) und lasse stehen. Zum Anrich-ten: Stürze die Form auf eine tiefe Platte um, bestreue den Pudding mit etwas Zimmt und gieße einen dünnen Vanille-Custard darüber. Die Formen sollten vor dem Füllen in kaltes Wasser getaucht werden. Dieser Pudding kann auch erst abgeflammt werden, damit er mehr gebacken schmeckt.

Cabinet-Pudding.

Fülle die hierzu bestimmte Form ¾ mit ladyfingers oder sponge cake Scheiben und gieße einen guten Custard darüber. Vanille= oder Mandelge= schmack oder etwas Muskatblüthe, backe wie Brodpudding.

Diplomatic Pudding.

Befolge Oberes genau, aber füge noch Corinthen, Sultana=Rosinen, Oran= genschalen und Citronat, fein geschnitten, hinzu. Backe in Wasserbad.

Tutti-Frutti-Pudding.

Alle Sorten Kuchen (cakes) können hierzu verwendet werden und gerade so behandelt wie obige. Den Boden der Form bestreue mit gehacktem Citronat und importirten canbirten Früchten. Backe in Wasserbad.

Kalte Farina oder Indian Pudding.

Koche ½ Pfund Farina (Gries) oder Indian meal mit 3 Pint Milch, rühre gut bis es anfängt dick zu werden, gebe ½ Pfund feinen Zucker dazu und lasse abkühlen. Dann füge hinzu ein wenig Citronen= oder Vanille=Extrakt, oder Zimmt, und den steifen Schnee von 4 Eiweiß, fülle in Formen und lasse auf Eis steif werden.

Gebackene Aepfel-Dumplings.

Ein Stück Abfälle von Pastetenteig wird ¼ Zoll dick ausgerollt, in viereckige Stücke geschnitten, und lege auf jedes einen geschälten, ausgekernten und mit Zimmtzucker gefüllten Apfel, und schlage den Teig von allen Seiten darüber. Servire, wenn kalt, mit Rumsauce oder geschlagenem Rahm. Backe bei 380—90 Grad, und wasche erst mit Ei.

Gebackene Aepfel-Dumplings,
(anderer Art.)

4 Unzen Schmalz oder Butter, 1½ Pfund Mehl, etwas Salz, 1 Unze Back= pulver, 1 Ei und 1 Pint Milch. Mische wie für Sodabisquit. Rolle ziemlich dünn aus, schneide und behandle wie oben. Gut ausbacken.

Rolly Polli.

Bearbeite wie Theebisquit. 1½ Pfund gutes Kuchenmehl, 3 Unzen Butter oder Schmalz, 1¼ Unze Backpulver, ein wenig Muskatnuß, 3 Eigelb, ½ Thee= löffel Salz und ungefähr 1 Pint Milch. Dann rolle ungefähr 18 Zoll lang und 10 Zoll breit aus, belege mit frischer oder eingemachter Frucht. Dann rolle auf und lege in eine gut geschmierte Pfanne und setze in einen Dampfkessel (steamer) und decke diesen gut zu. Nach einer halben Stunde dürfte er fertig sein.

Frucht-Dumpling.

Der Teig ist derselbe wie oben. Rolle ¼ Zoll dick aus, steche mit einem großen, runden Ausstecher aus, lege die Frucht in die Mitte und ziehe den Teig über dieser zusammen. Setze in geschmierte Muffinformen und setze sie eine halbe Stunde einem Dampfbade aus, worauf sie gar sein werden. Mehr wie 12 verschiedene Sorten können nach diesem Rezepte gemacht werden.

Gekochter Indian Pudding.

Schütte 1 Tasse Welschkorngries in 1 Quart kochende Milch; wenn dieses dick wird, gebe 6 Unzen braunen Zucker, ¼ Pfund Nierenfett, feingehackt, Salz, 6 Eier, das Weiße zu Schnee, ein wenig Muskatnuß und 2 Eßlöffel Molasses hinzu. Binde das Ganze, nachdem gut gemischt, in ein starkes Tuch, koche 2—3 Stunden.

Gedämpfte Aepfeldumplings.

Derselbe Teig wie für Fruchtdumplings (Krapfen) wird ½ Zoll dünn aus= gerollt und in viereckige Stücke geschnitten. Die ausgekernten, nicht zu großen Aepfel in die Mitte gesetzt, gut mit Zimmt gefüllt; der Teig am Rande mit Milch bestrichen, von allen Seiten überschlagen und gut mit nicht zu starkem Dampf etwa 20 Minuten in den Dampfkessel gesetzt. Hard and Rumsauce.

Poor Man's Pudding.

Ungefähr 6 alte Wecke oder 3 Wecke und 3 Kornmuffins, fein gerieben, eine Hand voll gesteinte Rosinen, einige Corinthen, eine gute Hand voll braunen Zucker, 1 Tasse Mehl, ¼ Pfund gehacktes Nierenfett, 1 Theelöffel Backpulver,

Englischer Plum-Pudding.

Zerhacke fein 1 Pfund Nierenfett mit 1 Tasse Kuchenmehl, füge ¾ Pfund braunen Zucker, 3 feingehackte Aepfel, ½ Pfund gesteinte Zwetschen, ½ Pfund Rosinen, 1 Pfund Corinthen, ¼ Pfund Citronat, 5 Eier, 2 geriebene Citronen= schalen; von folgendem je 1 Theelöffel Zimmt, Muskatnuß, Allspice und 4 aufgeweichte Wecken oder ¼ Laib Brob und zuletzt 1 Gläschen Rum hinzu und mische Alles gut auf und dämpfe 5 Stunden in einer Form, oder, wenn vorge= zogen, koche 4 Stunden in ein Tuch eingebunden.

Altmodischer Plum-Pudding.

1 Pfund feingehacktes Nierenfett, etwas Mehl, 1 Pfund geröstete und gesiebte Brobkrummen, 1 Pfund Corinthen, 1 Pfund Rosinen, ½ Pfund Citronat, ½ Theelöffel Muskatnuß, 1 Pfund braunen Zucker, Salz, 6 Eier und 2 gerie= bene Gelbrüben. Koche langsam, nicht weniger als 8 Stunden. Wenn möglich koche 6 Stunden den Tag zuvor und 2 Stunden den nächsten Tag kurz vor dem Gebrauch. Packe in Butter bestrichene und bezuckerte Form, die einen gutschließenden Deckel hat. Serviere mit Branntweinsauce.

Reispudding deutscher Art.

Koche ¾ Pfund Reis und eine Stange Zimmt in 3 Pints kochender Milch auf. Reibe 6 Unzen Butter mit 12 Eigelb gut schaumig; gebe 6 Unzen Zucker zum Reis und, wenn abgekühlt, mische mit der Butter, dann gebe die zu steifem Schnee geschlagenen 10 Eiweiß, leicht arbeitend, den Saft einer Citrone und 2 Hände voll Rosinen hinzu. Backe 2½ Stunden im Wasserbad.

Mandelpudding deutscher Art.

Rühre schaumig 5 Unzen Butter, ½ Pfund Zucker, 9 Eigelb, Citronen und gebe zu diesem 6 Unzen gestoßene Mandeln oder ½ Pfund Heide's Almond paste und ½ Pfund in Milch eingeweichte und dann wieder gut ausgedrückte Wecke, und zuletzt den steifen Schnee von 8 Eiweiß.

Chocolade-Pudding.

Rühre ¼ Pfund Butter mit 10 Unzen Zucker schaumig, gebe 10 Eigelb, 1 Theelöffel Vanille, 6 Unzen abgeriebene Chocolade, etwas Zimmt, ¼ Pfund gestoßene Mandeln, ¼ Pfund Brodtrummen und zuletzt den Schnee von 10 Eiweiß. Backe 1½ Stunde, nicht zu heiß.

Schneepudding (12 Personen).

Löse 1 Unze Gelatine in einem halben Glas Sherry-Wein und ebensoviel Wasser auf. In den Schnee von 8 Eiweiß meliere ¾ Pfund feinen Zucker und dann gieße die aufgelöste Gelatine langsam hinzu. Eine Orangenschale, abgerieben, und der Saft einer Orange erhöhen den feinen Geschmack. Fülle in kleine Geléeförmchen und stelle auf's Eis. Bevor dem Servieren tauche jedes Förmchen einen Augenblick in heißes Wasser und stürze den Pudding heraus.

Savarin-Pudding.

Setze einen Vorteig (sponge) mit 4 Unzen Fleischmann's Hefe, 2 Pfund Mehl, 8 Eier und genug Milch. Wenn genug aufgegangen, füge hinzu: ½ Pfund Butter, verreibe gut mit ½ Pfund Zucker und gebe hierzu ½ Pfund Rosinen und setze in gestrichene Gemförmchen zum Aufgehen. Backe mittelmäßig. Geschmack, Citrone und Muskat.

Queen-Pudding.

Mische wie Wein-cake: 1 Pfund Zucker, ½ Pfund Butter, 1½ Pfund Kuchenmehl, 7 Eier, ½ Pint Milch, ½ Unze Soda, 1 Unze cream of tartar und ein wenig Muskatblüthe, Citronat. Backe leicht in mit Butter bestrichenen Formen.

Suet-Pudding.

Mische 1 Tasse gesteinte Rosinen mit 3½ Tassen Mehl, 1 Tasse fein gehacktem Nierenfett, ½ Theelöffel Zimmt, ½ geriebenen Muskatnuß. Zu einer Tasse süßen Rahm gebe 1 Tasse Molasses, 1 Theelöffel Soda, mische dies alles gut zusammen und dann füge 2 gut aufgeschlagene Eier hinzu. Gebe das Ganze in eine gut schließende Form, gut mit Butter bestrichen und mit Krummen bestreut, und koche oder dämpfe nicht weniger als 3 Stunden. Wein- oder Brandysauce.

Minuten-Pudding.

Von 1 Quart Milch nehme genug zu 3 Unzen Mehl, um einen zarten, dünnen Brei zu erhalten. Die dann noch übrige Milch setze auf Feuer. Wenn kochend, füge dem Brei ½ Theelöffel Salz und 2 gut aufgeschlagene Eier bei. Beständig rührend, lasse das Ganze 10 Minuten kochen (so ein Farina=boiler gebraucht wird, 15 Minuten). Serviere mit Milch oder Rahm, gewürzt mit Zucker und Muskatnuß, Vanille oder Wein. Zucker gebe nach Geschmack zum Pudding.

Stärkemehl-Pudding.

Koche 4 Unzen Zucker und 1 Quart Milch im Farina=boiler. Wenn kochend gebe ein wenig Salz und 2 Eßlöffel aufgelöstes Stärkemehl hinzu und lasse unter beständigem Rühren 3 Minuten länger kochen; dann gebe das geschlagene Eiweiß von 2 Eiern hinzu, abermals eine Minute länger kochend, und dann gieße in Untertassen, in welchen der Pudding serviert wird. Nun schlage 6 Eigelb gut auf, gebe ½ Tasse feinen Zucker, ein klein wenig Salz und 1 Pint heißer Milch hinzu. Wenn diese Mischung anfängt dick zu werden, (koche, ohne es zum quallen kommen zu lassen) nehme vom Feuer, füge Vanille bei und gieße sofort über die Puddinge. Kann warm oder kalt serviert werden.

Cokosnuß-Pudding.

Wie obiger, nur gebe 1 Tasse Cocoanut dazu, wenn kochend.

Bond's Boston Braunbrod-Pudding.

Vermische 2 Pfund von Bond's präparirtem Braunbrod=Mehl mit 1½ Pint Rahm, 1 Pint Molasses und genug Wasser zu einem weichen Teig, gebe 1 Tasse große Rosinen und 5 Unzen gehacktes Nierenfett hinzu. Backe in Wasserbad 1½ bis 2 Stunden. Auch kann noch etwas Extrazucker beigegeben werden. Vor dem Servieren gieße kochende Branntweinsauce darüber, um die Kruste zu erweichen.

Braunbrod-Pudding.
(Andere Art).

Schneide einen Laib altes Boston Braunbrod, oder Graham=Brod in dünne Scheiben, bestreiche gut mit Butter, lege bestrichene, zuckerbestaubte Form halb voll damit, lege Corinthen zwischen die Lagen, fülle mit gewöhnlichem Custard (crême). Wenn etwas angebacken, belege Kruste mit Scheiben, damit er oben nicht zu viel backt. Sehr feines Dessert.

Floating Island (schwimmende Insel).

Schlage 12 Eigelb mit 1½ Tasse Zucker auf, und 2 Unzen Stärkemehl, 1 Theelöffel Vanille und etwas Milch. Koche ein starkes Quart Milch, dann rühre langsam gießend die erste Mischung hinein; nehme vom Feuer, rühre öfters um, bis ein wenig abgekühlt, gieße in eine Glas= oder Porzellanschale, stelle auf Eis.

Schlage nun 6 Eiweiß zu steifem Schnee, gebe eine Handvoll Zucker dazu. Werfe stückweise mit großem Löffel (erst in Wasser getaucht) für einige Minuten in kochendes Wasser und dann belege den Crême damit. Etwas Gelée auf das gekochte Eiweiß gelegt, macht einen feinen Anblick und schmeckt gut. Staube mit Staubzucker vor dem Servieren.

Saucen.

Weinsauce: Löse 3 Eßlöffel Stärkemehl, ½ Pfund braunen Zucker, ein wenig ganzes, gemischtes Gewürz, Saft und Rinde von 1 Citrone in ½ Pint Wasser auf. Lasse langsam kochen, bis die Sauce schön klar ist. Dann gebe ein wenig Salz, ein Stückchen Butter und ein Gläschen Wein hinzu.

Chateaux=Sauce: Der richtige Name ist cheau d'eau, hier fast immer chateaux genannt: 6 Eigelbe, 2 Hände voll Staubzucker, Saft und Rinde einer Citrone und 1 Gläschen Rheinwein wird auf einem gelinden Feuer schön in die Höhe geschlagen; dann kann, wenn wünschenswerth, noch etwas Wasser beige= fügt werden. Dieses muß jedoch kochend sein.

Hard Sauce: Reibe bis schön schaumig: 1 Tasse Butter, 1½ Tasse Staubzucker, ½ Citronensaft oder ein wenig Vanille und ½ Eiweiß. Wenn im Besitze eines Dressirbeutels und Sterntülle, so dressire in Form von Sternen, Rosen, Ringen u. s. w. auf Papier, bestreue mit Muskatblüthe und lasse auf dem Eis hart werden.

Brandy=Sauce: Rühre schaumig: 1 Tasse Butter, 1½ Tasse Zucker, eine halbe Muskatnuß und eine halbe abgeriebene Rinde und den Saft einer ganzen Citrone. Dann setze auf's Feuer, verrühre, bis kochend, mit 3 Eiern und dann gieße 1 Gläschen Branntwein hinzu.

Deutsche Sauce: Reibe eine halbe Tasse Butter und 1 Tasse Zucker schaumig, gebe eine kleine Tasse kochenden Wein hinzu, das Ganze mit dem Schneebesen gut aufschlagend, ein wenig Zimmt oder Muskatnuß.

Rum-Sauce: Nehme halb Hard- und halb Weinsauce, gieße ein kleines Glas Rum hinzu und koche nochmals auf.

Rahm-Sauce: 1 Tasse Zucker, 1 Pint Rahm oder Milch, 1 Unze Stärkemehl oder Mehl, ½ Theelöffel Salz und 1 Eßlöffel Butter, koche in einem Doppeltopf unter beständigem Rühren. Wenn es zu verdicken anfängt, gieße durch den Durchschlag und gebe etwas Vanille und noch eine Tasse Rahm dazu.

Französische Rahm-Sauce: Füge dem Obigen ein wenig Cognac hinzu.

Yankee-Sauce: Dasselbe wie Brandysauce, mit 1 Theelöffel Ingwer (ginger) und eine halbe Tasse Molasses beigefügt.

Verschiedene Namen können besonders der Weinsauce beigelegt werden, indem man ihr die Namen der verschiedenen dazu gebrauchten Weine giebt, oder statt Wein einen Eßlöffel von irgend einem Extrakte nimmt, z. B. bei Portwein, Portwein-Sauce u. s. w. Auch können die Saucen nach Belieben gefärbt werden.

Auswahl von Puddings und Saucen.

Nicht jede Sauce harmoniert mit allen Puddings und ich will deßhalb unten einige als Beispiel angeben:

Cottage Reis-Pudding,	=	=	=	Vanille-Sauce.
Schnee-Pudding,	=	Erdbeer- oder sonstiger Frucht-Syrup.
Sago-Pudding,	=	=	=	Madeira-Sauce.
Farina-Pudding,	=	=	=	=	Rahm-Sauce.
Indian-Pudding, gedämpft	=	=	Französische Rahm-Sauce.
Cottage Brod-Pudding,	=	=	Rum- oder Hard-Sauce.
Frucht-Pudding,	=	=	Branntwein-Sauce.
Sponge- (Bisquit) Pudding	=	=	Chateaux-Sauce.

Angels' Food Pudding,	=	=	=	Himbeer=Sauce.
Englischer Plumpudding,		=	=	Rum= und Hard=Sauce.
Tapioca=Pudding	=	=	=	Sherry=Wein=Sauce.
Aepfelkrapfen=Pudding, gedämpft,		=	Brandy= oder Hard=Sauce.
„	=	gebacken,	=	= Geschlagener Rahm.

Allgemeine Regeln.

Bei den deutschen Puddings werden die Formen gewöhnlich mit gestoßenen Brodkrummen ausgestreut, welches dem Pudding eine leichte Kruste und schönes braunes Aussehen giebt. Mit Zucker ausgestreut, wie hier gewöhnlich geschieht, verhindert eine Kruste und Farbe, da der Zucker schmilzt. Soufflé oder Auflaufe können aus den meisten Pudding=Rezepten gemacht werden, nur brauche etwas mehr Schnee und backe in Porzellan= oder Glasschalen, ohne Wasserbad.

Omelette-Soufflée.

Rühre 6 Eigelb und etwas Vanille mit ¼ Pfund feinen Zucker, 1 Löffel süßen Rahm gut zusammen, 15 Minuten, gebe 6 zu steifem Schnee geschlagene Eiweiß leicht und rasch darunter, gieße sogleich in eine gut mit Butter ausge= strichene und erwärmte Porzellanschale, und backe sofort, nicht zu heiß. Siebe erst etwas Staubzucker darüber und wenn gewünscht, würze mit Vanillezucker.

Fritters.

Aepfel=, Pfirsich= und sonstige Großfrucht=Fritters werden nach folgendem Rezept bereitet:

Löse 1 Unze von Fleischmann's Hefe mit 1 Pint warmer Milch auf, ¼ Pfund feiner Zucker, etwas Salz, 4 ganze Eier, 2 Eßlöffel bestes Virgin Olivenöl und zuletzt genug Kuchenmehl, gesiebt, zu weichem Teig (batter) geschlagen. Setze warm zum Aufgehen, 1 bis 2 Stunden, dann schlage nochmals durch, gebe etwas Muskatnuß bei und lege die ausgekernte, geschälte und in Scheiben geschnittene Frucht hinein, überziehe mit dem Löffel ganz mit Teig und backe in heißem Fett.

Fritters mit Backpulver.

Dasselbe wie oben, nur gebe anstatt der Hefe 2 Löffel Backpulver darunter, und mische erst kurz vor dem Gebrauch.

Mayonnaise (Salad Dressing).

(Für ein Quart).

In einen Suppenteller oder tiefe Porzellanschale gebe zusammen: 4 Eigelb, 2 Theelöffel besten Senf, ¾ Theelöffel Salz, ½ Theelöffel Cayenne= und ½ Theelöffel weißen Pfeffer. Schlage oder verrühre, immer nach einer Richtung rührend, gut klar, dann gebe mit der anderen Hand, langsam tropfend, aus einer Flasche bestes Oliven=Oel hinzu. Sobald es anfängt, sich zu binden, d. h. zähe werdend, gebe rasch etwas Citronensaft hinzu, dann wieder Oel; ist dann der Saft einer Citrone verbraucht, gebe Essig bei, und fahre so fort, bis etwa ¾ Pint Oel und 2 bis 3 Eßlöffel Essig verbraucht sind, dann rühre nochmals lebhaft auf und setze sofort auf Eis bis zum Gebrauch. Viele Köche machen eine große Wichtigkeit aus der Mayonnaise, als wenn es eine Kunst wäre, sie herzustellen. Natürlich bedarf es erst einiger Uebung, bis man es perfekt hat. Alles muß erst gut eiskalt sein, bevor man beginnt, namentlich das Oel. Sollte die Sauce dennoch brechen, so gebe rasch ein verrührtes Eigelb darunter, und sie wird schnell wieder zart sein. Es ist immer am rathsamsten, das feinste Oel zu gebrauchen, und kann ich aus Erfahrung Virgin Oliven=Oel als vorzüglich empfehlen.

Bemerkungen über Puddings und Dumplings.

Bestreiche alle Puddingformen mit Butter und bestreue gut mit Zucker.

Zum Backen setze die gefüllten Puddingformen in eine Pfanne halbvoll mit heißem Wasser; daß, wenn der Pudding gebacken, das Wasser auch verdunstet ist.

Beim Befolgen meiner allgemeinen Instruktionen können eine Unmenge ver= schiedener Puddings oder Dumplings gemacht werden, indem man Frucht und Extrakte nach Belieben ändert.

Einer der besten Puddings an Hand zu halten, ist Atmore's ächter Plum= Pudding, ist immer fertig und darf blos, mit einer Form oder Teller bedeckt, ¼ Stunde gut durchgewärmt werden.

Wenn kein Kuchenmehl zur Hand ist, nehme mehr Butter und halte weicher.

Um Pudding in einem Sack zu kochen, muß die innere Seite dieses Sackes gut mit Butter bestrichen und mit Zucker bestreut werden. Wenn fertig gekocht, tauche den Sack in kaltes Wasser, worauf der Pudding sich von diesem sehr leicht loslöst.

Wenn Pudding im Kessel direkt auf dem Feuer gekocht wird, dann lege einen Teller auf den Boden des Kessels, damit der Pudding nicht anbrennt.

Um Pudding zu dämpfen (steamen), packe die Mischung in gut mit Butter bestrichene und bezuckerte, gut zu verschließende Formen. Setze diese in einen Dampfkocher (steamer), decke diesen sorgfältig zu und lasse länger auf dem Feuer, als wenn er gekocht wird.

So Beeren für Rolli Polli gebraucht, verfahre mit diesen wie für Pies, in Abtheilung I.

HAZARD'S
OX-BRANDGELATINE

in Frankreich fabriziert, ift jeder anderen
Sorte vorzuziehen.

Sehr oft wird den Kranken Gelée und kaltes Deffert
empfohlen, aber in Folge des widerlichen Leimgeschmacks,
den die meiften Gelatinen befitzen, fehr wenig genoffen.

Unfere Gelatine, frei von folchem Beigeschmack, ift
auch ftärker und reicht weiter, macht das Gelée kryftall=
klar, wie Waffer, und wird, wo immer verfucht, ftets ge=
braucht. Fragt bei Eurem Lieferanten nach Hazard's Ox-
Brand Gelatine.

E. C. Hazard & Co., = New York.

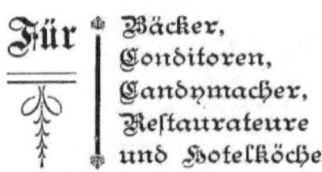

Dritte Abtheilung.

Gefrorenes, Sherbets, Punsch, Crême und Gelée.

Das Gefrieren auf deutsche Art.

Namentlich um schönes Fruchteis zu bekommen, sollte man eine einfache Handbüchse gebrauchen. Dieselbe ist gewöhnlich aus Zinn, kann aber auch aus sehr starkem Blech sein, welches man hier Packing Can heißt. In einen starken Buttertopf bohre nahe zum Boden ein Zapfloch und passe einen Holzzapfen hinein. Die Büchse muß einen gutschließenden Deckel mit einer Handhabe besitzen.

Lege ein dünnes Stück Eis auf den Boden des Eimers, streue ein wenig Viehsalz (rock salt) darüber und setze die Büchse darauf. Dann stoße genug Eis, vermische mit genügend Salz und presse dieses um die Büchse herum in den Topf. Ist nun die Büchse so ganz eingepackt, so nehme deren Deckel vorsichtig ab und fülle in diese den Rahm. Drehe nun die Büchse etwa fünf Minuten lang rasch nach links und rechts um, dann entferne den Deckel mit einem hölzernen Spatel, stoße das an die Seite angefrorene ab, verrühre das Ganze mit diesem gut, mit der rechten Hand den Spatel haltend und mit der linken die Kanne immer weiter drehend. Setze den Deckel wieder auf und fahre so fort bis das Ganze anfängt, steif zu werden. Dann nehme den Deckel ab, drehe die offene Kanne und verrühre bis gut gefroren. Dann lasse das Wasser aus dem Eimer ablaufen, setze den Deckel wieder gut auf die Büchse und fülle den Eimer wieder gut mit Eis und Salz auf.

Das Gefrieren auf amerikanische Art.

Setze die Gefrierbüchse am Besten erst in Eis und Salz gut ein, damit nach= her ja kein Salz in den Rahm fallen kann. Entferne vorsichtig alles Salz vom Deckel, nehme diesen dann ab und gieße die Mischung in die Büchse, dann setze den beater in dieselbe und verschließe die Büchse sorgfältig mit dem Deckel.

Dann fülle mit etwas mehr Eis und drehe erst langsam und stetig, hernach ein wenig schneller, bis die Mischung ganz steif ist. Entferne abermals das Salz vorsichtig vom Deckel, nehme diesen ab, ziehe den beater heraus, entferne mit einem Messer oder Spatel alles von der Mischung daran Hängende, schneide Alles gut von der inneren Seite der Büchse los und schlage mit einem Holz= oder Zinn=spatel gut durch. Dann setze den Deckel wieder auf, lasse das Wasser aus dem Topfe laufen und fülle diesen wieder gut mit Eis und Salz auf und setze bis zum Gebrauch zur Seite.

Vanille-Gefrorenes (Deutsches oder Wiener).

Setze auf gelindes Feuer in Kupfer= oder Messingkessel unter beständigem Rühren : 2 Quart Milch, 12 Eigelb, ½ Stange Vanille, 1¼ Pfund Zucker, bis nahe zum Kochen ; dann nehme vom Feuer, gebe 1 Quart guten Rahm dazu, lasse durch ein Sieb laufen und gefriere.

Vanille-Gefrorenes (Philadelphia).

Mische gut 2 Quart Rahm, ¾ Pfund feinen Zucker, 1 Theelöffel Vanille=Extrakt und lasse durch ein feines Sieb oder Tuch laufen und gefriere.

Amerikanisches-Gefrorenes (ordinäres).

Löse 2 Unzen Gelatine in 1 Quart Milch auf. Mittlerweile koche 2 Quart Milch mit 1¼ Pfund Zucker, dann gebe die Gelatine hinzu, und dann 2 Eßlöffel Vanille= oder Citronen=Extrakt. Siebe und gefriere.

Gefrorenes mit Eiern.

Mische zusammen : 2 Quart Rahm, 1 Quart Milch, 6 Eigelb, 1¼ Pfund Zucker und 1 Eßlöffel Vanille. Dann siebe in die Gefrierbüchse und gebe 3 zu steifem Schnee geschlagene Eiweiß hinzu und gefriere.

Gefrorenes mit Eiern (andere Art).

Bringe bis zum Kochen : 1 Gallone Milch, 4 ganze Eier, 2 Pfund Zucker und zuletzt 4 Eßlöffel aufgelöstes Stärkemehl oder 3 Eßlöffel Arrow Root, lasse abkühlen, siebe und gefriere.

Citronen-Gefrorenes (Ice Cream).

Zu einigem der obigen Rezepte nehme auf jedes Quart einen kleinen Thee=
löffel voll Lemon Extract.

Himbeer-Gefrorenes.

2 Quart guten Rahm, 1 Quart reife Beeren, 1 Citronengelb und Saft und
1¼ Pfund feinen Zucker, verrühre, treibe durch ein feines Sieb und gefriere
nicht zu schnell.

Erdbeer-Gefrorenes.

Dasselbe wie Himbeer, nur nehme gutreife Erdbeeren.

Annanas-Gefrorenes (Pine Apple Ice Cream).

Dasselbe wie Himbeer, nur reibe 1 geschälte Annanas auf dem Reibeisen
gut fein.

Chocolade-Gefrorenes.

Löse ½ Pfund bittere Chocolade mit ½ Pfund Staubzucker auf gelindem
Feuer mit 1 Pint Milch oder Wasser auf, und rühre bis ganz zart fortwährend.
Wenn es erst anfängt dick zu werden, gieße einiges von obigen gekochten Mischun=
gen dazu; aber erst langsam.

Wenn Chocolade=Gefrorenes von Vanille=Crême hergestellt werden soll,
so behandle Chocolade wie oben und gebe unter beständigem Rühren bei, Thee=
löffelvoll, etwas des Vanille=Crême hinzu, dadurch die Chocolade nach und nach
abkühlend. Wenn diese dann zart und kalt, gieße mehr Vanille=Crême nach und
verrühre gut auf Eis, bis wieder steif.

Chocolade im Voraus für Gefrorenes herzurichten
kann mit nachstehendem Rezepte leicht geschehen.

Löse 2 Pfund bittere Chocolade in einem Kessel auf, der in kochendes Wasser
gestellt wird. Dann koche 5 Pfund gestoßenen Zucker und etwas Glucose mit 1½
Pint Wasser und koche zu Syrup, wie für Candieren; und dann lasse langsam,

unter Umrühren, in die Chocolade laufen und damit ist es fertig. Dies kann an einem kühlen Orte lange aufbewahrt und zu irgend einer Zeit zum Gebrauche aufgelöst werden, indem man sie in heißes Wasser setzt.

Kaffee-Gefrorenes.

2 Quart Rahm und ¾ Pfund Staubzucker gut vermischt. Dann koche 1 Quart Milch, werfe ½ Pfund gemahlenen und gerösteten Mocca- und Java-Kaffee hinein und decke zu. Lasse 15 Minuten langsam simmern, gebe ¼ Pfund Meliszucker hinzu, koche und rühre etwas länger. Siebe alles zusammen, gebe noch 3 Eier dazu und friere.

Hockey-Pockey.

4 Eßlöffel in Milch aufgelöstes Stärkemehl, dazu eine Pint-Büchse condensirte Milch, 2 Unzen Vanille und 1 Gallone Milch, 1¾ Pfund Zucker.

Caramel-Gefrorenes.

Nehme zu Philadelphia oder Wiener Gefrorenem-Rezept genug gebrannten Zucker und etwas Vanille.

Bisque-Gefrorenes.

Zu Philadelphia oder Wiener Vanille-Gefrorenem gebe vor dem Servieren ein Glas Sherry-Wein, und zu jedem Quart ½ Dutzend geröstete und fein gebrochene Maccaronen.

Nektarinen, Orangen, Pfirsiche, Aprikosen und alle sonstigen Sorten von Rahm-Gefrorenem werden nach obigen Grundregeln behandelt.

Sollte Ihnen jedoch Gefrorenes (Ice Cream) nach diesen Vorschriften noch zu theuer sein, so möchte ich rathen, einen Sherbet oder Punch zu machen, da diese gesünder sind, als schlechter Ice Cream.

Sorbets und Punsche (Sherbets and Punches).

Sehr wenige, sogar die, deren stetige Arbeit es ist, Hotelbäcker, wissen oder machen einen Unterschied zwischen Sorbets und Wassereis.

Zu Sorbets und Punsches, für 25 Personen, gebrauche immer nachstehendes Rezept: Zu 2½ Pfund Zucker nehme 2½ Quart kochendes Wasser, den Saft von 4 und die Rinde von 2 Citronen, abgerieben und 3 Eiweiß. Rühre bis der Zucker aufgelöst, siebe und gefriere es sehr gut.

Dieses ist das allgemeine Rezept für alle Sorbets und Punsche. Die Citronen geben genug Säure und deren Preis ist gering. Ich kann geschriebene Belobungen von den ersten Sachverständigen, den bestbekanntesten Feinschmeckern, über die Feinheit und Güte meiner Sorbets vorweisen.

Ich bin gegen den Gebrauch von Säuren in Sorbets und Punschen (Sherbets and Punches); da der Kostenpunkt zwischen diesen und Crême so groß ist, daß die paar Cents für Citronen gar nicht in Anschlag kommen.

Roman Punch.

Gefriere obige Mischung und füge kurz vor dem Servieren ein Weinglas Rum hinzu.

Cardinal Punsch.

Wie oben, füge 1 abgeriebene Orangeschale, den Saft einer Orange dazu; färbe schön hellroth, und vor dem Servieren gebe statt Rum ½ Glas Sherry Wein hinzu.

Pineapple Sherbet.

Eine kleine Kanne geriebener Annanas, oder auch eine halbe frische feinzerhackte, füge zu dem ersten Rezepte.

Orange Sherbet.

Dasselbe, gebe den Saft und die abgeriebene Rinde von 2 Orangen zur ersten Mischung.

Alle anderen Frucht-Sorbets.

Füge zu erster Mischung den Saft von einem Quart Frucht und ½ Tasse Zucker mehr.

Waſſer-Eis.

Echtes Waſſer-Eis kann nie und nimmermehr nach amerikaniſcher Art ge-froren werden, ſondern muß in einer Wiener offenen Maſchine, oder nach l. bem auf Seite 35 angegebenen deutſchen Wege behandelt werden.

In einer deutſchen, kaiſerlichen Hoffonbitorei haben wir folgendes Rezept verwendet, für 8 Perſonen: Koche 1 Quart Waſſer und 1½ Pfund Zucker 10 Minuten, dann füge die von einer Citrone abgeriebene Rinde und den Saft von 2 Citronen und dann 1 Pint von irgend einem Fruchtſaft hinzu.

Citronen-Eis.

Nehme eine geriebene Rinde und den Saft einer Citrone mehr, als im vor-hergehenden Rezepte.

Gefrorene Limonade.

Nehme die Hälfte von irgend einem Sherbet, nachdem gefroren und löſe dieſen mit 1 Pint Waſſer wieder auf. Fülle die Gläſer ¾ voll und lege auf jedes Glas noch ein Stückchen von dem gefrorenen Sherbet.

Gefrorene Frucht.

Nur friſche Frucht ſollte hierzu verwendet werden. Alle eingemachte Frucht oder Syrups haben, nachdem gefroren, einen unangenehmen Bei- und Nach-geſchmack.

Gefriere den betreffenden Fruchtſorbet und vor dem Servieren gebe 1 Quart feingeſchnittene Frucht derſelben Sorte bei, namentlich geeignet ſind Aprikoſen, Pfirſiche, Annanas und Kirſchen.

Gelées.

Gelées und kaltes Deſſert wird häufig den Kranken anempfohlen, ſind jedoch wegen dem Leimgeſchmack, den manche Gelatine beſitzt, wenig beliebt. Hazard's Ox-Brand Gelatine möchte ich im beſonderen empfehlen.

Gelée (allgemeines Rezept).

Löse ein Packet (4 Unzen) Gelatine in 2 Quart kaltem Wasser auf, dann füge 1 Quart kochendes Wasser, 2½ Pfund Zucker, ein wenig ganzes Gewürze, den Rest von 3 Citronen, die ganze Rinde von 1 Citrone und 12 Eischalen, welche erst gut abgewaschen und dann zu kleinen Stückchen zerdrückt, hinzu.

Setze Alles auf's Feuer und rühre gut. Schlage 4 Eiweiß in einem Pint Wasser gut auf und gieße zu Ersterem. Lasse das Ganze unter stetigem Umrühren zum kochen kommen, und dann lasse es 3 Minuten kochen, welch letzteres dem Gelée den so selten zu findenden feinen Glanz giebt. Dann nehme vom Feuer und (seihe) lasse durch einen hierzu bestimmten Flanellsack oder Filtriertrichter laufen. Sollte die Gelée dann noch ein wenig trübe sein, so filtriere noch einmal.

Nach diesem Rezepte und von diesem Grund-Gelée können alle Gelées gemacht werden.

Citronen-Gelée.

Füge zu Obigem die ½ Rinde einer Citrone, feingehackt, und 3 Extra-Citronensäfte.

Wein-Gelée (12 Personen).

Lasse 1 Quart von obigem Grund-Gelée auf dem Ofen flüssig werden und füge ½ Tasse des entsprechenden Weins hinzu. Fülle in Geléeförmchen und lasse erkalten.

Sherry- oder Portwein-Gelée.

Füge einige Tropfen gebrannten Zuckers (zum Färben) und ½ Tasse Wein auf's Quart hinzu.

Claret-Gelée.

Einige Tropfen Cochineal-Farbe zu Grund-Gelée und genug Bordeaux-Wein.

Champagner-Gelée.

Zu 1 Quart flüssigen Grund=Gelée füge ½ Pint guten Champagner=Cider; fülle in geeignete Gläser und lasse erkalten. Schlage 2 Eiweiß zu steifem Schnee und gieße zu diesem 2 Eßlöffel aufgelöste Gelatin und fülle auf die mit Gelée nicht ganz gefüllten Gläser und setze bis zum Gebrauch in den Eisschrank.

Orangen-Gelée.

Gebe zu 1 Quart flüssigem Grund=Gelée den Rest, und die halbe feinge= hackte Rinde einer Orange oder einen Eßlöffel Orangen=Extrakt.

Frucht-Gelée.

Eine Quart Gelée=Form fülle halb mit Grund=Gelée und setze diese zum Er= kalten in Eiswasser, dann lege eine Lage schöner reifer Beeren oder anderer Frucht darauf und fülle die Form mit Grund=Gelée auf, zu welchem ein wenig Frucht= saft und Farbe hinzugefügt werden mag.

Für folgende Rezepte gebrauche Gelatin und kein Grund-Gelée.

Demi-Glacé von Kaffee.

Gerade wie Schnee=Pudding, nur löse die Gelatin, anstatt in Wein und Wasser, in einer Tasse sehr starkem heißen Kaffee auf und gebe etwas gebrannten Zucker dazu.

Blanc Mange (ächtes).

(Dies ist besonders für Kranke sehr empfehlenswerth).

Eine Handvoll geschälte süße Mandeln werden im Mörser feingestoßen; dann löse 2 Unzen Gelatin in 2 Quart süßer Milch auf, füge 6 Unzen Staubzucker bei und lasse auf einem mittelmäßigen Feuer bis nahe zum Kochen kommen. Dies muß jedoch fortwährend gerührt werden; dann lasse abkühlen ,und wenn nahezu kalt, seihe in Formen oder Tassen und lasse ganz erkalten.

Charlotte Russe.

Lege eine Glasschale oder Tasse mit lady fingers oder sponge cake aus und fülle mit folgendem Crême:

Weiche 1 Unze Gelatin in ½ Pint kaltem Wasser auf, und wenn weich, setze in heißes Wasser und lasse vollständig auflösen. Dann schlage 1 Quart starken Doppel=Rahm gut steif (whipped cream), dann schlage zu diesem sehr langsam 2 Eigelbe, 6 Unzen Staubzucker, und siebe zuletzt die aufgelöste Gelatin hinzu. Nun fülle die ausgelegten Formen damit und setze bis zum Gebrauch auf's Eis. Wenn gewünscht, kann garniert werden.

Deutsche Rahm-Meringue.

Weiche ein 1 Zoll dickes Brett gut in Wasser ein. Zu dem Schnee von 7 Eiweiß mische leicht 1 Pfund Staubzucker und etwas Vanille. Setze dies mit dem Dressirbeutel oder auch mit einem Löffel, Eigroß, auf ein Papier und staube mit Zucker, lege dieses auf das feuchte Brett und backe langsam in einem kühlen Ofen. Wenn hart genug, nehme vom Papier, schabe die weiche Innen=seite heraus und lege die Schalen in eine Pfanne zum Austrocknen. Diese Scha=len können monatelang gehalten werden. Vor dem Gebrauch fülle mit geschla=genem Rahm und setze 2 zusammen.

Raspberry Floats.

Float.—In einem Farina=boiler koche 1 Pint Himbeersaft und ¼ Pfund Zucker und 2 Eßlöffel voll aufgelöstes Stärkemehl; rühre zu diesem, wenn vom Feuer, dann das zu steifem Schnee geschlagene Weiße von 4 Eiern und lasse abkühlen.

Crême.—Bringe 1 Pint Milch zum kochen, schlage 3 Eigelb gut mit 2 Unzen Zucker auf, gieße unter stetigem Rühren in die Milch, koche 1 Minute länger und kühle.

Wenn ganz kalt, schütte in eine Glasschüssel und setze die Float bei Löffel voll darauf und serviere.

Frucht Blanc Mange.

Weiche 1 Unze Gelatin in ½ Pint Wasser auf. Zu 1 Pint Johannis=beeren, frische, siebe 10 Unzen feinen Zucker und 1 Eßlöffel Citronensaft und lasse für 1 Stunde stehen, dann füge das aufgelöste Gelatin hinzu und fülle in Formen. Serviere mit Rahm, wenn kalt.

Neapolitanischer Blanc Mange.

Löse 1½ Unze Gelatin in 1 Quart Milch auf und gebe dann 1 Tasse Zucker hinzu. Theile die Milch in 3 Theile ein. Würze einen Theil mit Vanille, den 2. mit Himbeer und färbe roth, den 3. Theil färbe mit Chocolade. Lasse kalt werden und gieße erst die Vanille, dann Himbeer und zuletzt Chocolade in die Form und setze jedesmal wieder auf Eis.

Kalter Himbeer-Crême, Gestürzt.

(Raspberry, Bavarian Cream.)

Löse 2 Unzen Gelatin in 1½ Tasse Rahm auf. Presse genug Himbeeren aus, um 1 Pint Saft zu erhalten. Gebe genug Zucker zu dem Saft, nachdem dieser durch ein Sieb gelaufen. Wenn der Zucker aufgelöst ist, gebe das Gelatin und Milch zum Saft in eine Schüssel. Setze diese in Eiswasser, beständig die Masse rührend, bis diese kalt ist. Dann gebe zu diesem 1 Pint Schlagrahm. Mische leicht aber gut.

Kalter Erdbeeren-Crême, gestürzt.

Wie Himbeer-Crême, blos gebrauche Erdbeeren.

Goldene Regeln für Gefrorenes, Crême, 2c.

Zum Gefrieren rechne ein Quart Viehsalz (rock salt) auf je 6 Quart ge= stoßenes Eis.

Wird mehr Salz genommen, so gefriert es schneller, wird jedoch nicht so zart und das Eis schmilzt zu schnell.

Nehme, wenn möglich, immer doppelten Rahm, das heißt Rahm, welcher über 24 Stunden unberührt gestanden hat. (Double Cream.)

Um aus Gefrorenem Figuren, Blumen u. s. w. herzustellen, muß jeder Theil der Form gut ausgefüllt werden, damit sich nichts zwischen die Fugen drücken kann. Nachdem gut zusammengepreßt, schlage jede Form in starkes Papier ein und lege 2 Stunden lang in Salz und Eis.

Um aus den Formen herauszunehmen, halte diese einen Augenblick in heißes Wasser, trockne rasch ab, öffne die Formen und stürze deren Inhalt aus.

Punsch, Sherbet und gefrorene Frucht werden gewöhnlich in Gläsern mit Handhabe serviert.

Bavarian, das sind kalte Crêmes, gestürzte Crêmes können, so nur die Grundregeln genau beobachtet, leicht abgeändert werden.

Rahm, der 24 Stunden steht, heißt Doppel=Rahm, oder double cream, wenn noch älter, dreifacher Rahm, oder tripple cream. Beide müssen längere

Zeit unberührt stehen bleiben, bevor man sie aufschlagen kann.   So aufge=
schlagen heißt derselbe Schlagrahm, oder whipped cream.

Gelatin sollte immer erst kalt aufgeweicht, und nie direkt in kochende Flüssig=
keiten gethan werden, da diese dadurch den höchst unangenehmen Leimgeschmack
bekommen.

Eine Unze Gelatin zu einer Quart Flüssigkeit' ist hinreichend genug für
irgend ein Dessert.

Vierte Abtheilung.

Biscuit-Torten, Sand-Torten, Pfundkuchen, Hochzeitskuchen, Gelée-Torten, Nuß-Torten, Brod-Torten, Kaisertorte, Citronentorte, Schaumtorte, Crêmetörtchen, ꝛc.

Biscuit (Sponge Cake).
No. 1.

Die meisten jüngeren, hier gelernten Bäcker und Conditoren, kennen kaum die echten Biscuit-Rezepte. Im Allgemeinen wird jetzt soviel Backpulver, Cream of Tartar und Soda zu diesen Rezepten genommen, daß das Publikum es bald gar nicht mehr anders gewohnt ist.

Ich will deßhalb wenigstens einige echte deutsche Biscuit-Rezepte (sechs) hier anführen.

Deutsche Bisucit-Torte (warm).
No. 2.

Schlage 14 Eier und 1 Pfund feinen Zucker in einem Kessel gut zusammen, setze sodann in kochendes Wasser und schlage bis gut heiß. Dann nehme aus dem heißen Wasser, schlage wieder kalt, bis gut schaumig, gebe 1 Löffel Wasser bei und rühre etwas länger, damit es nicht zu leicht ist. Dann meliere darunter ein Pfund Kuchenmehl, welches mit ein wenig Stärkemehl vermischt und gesiebt ist. Eine abgeriebene Citronenrinde, oder 1 Eßlöffel Citronen-Extrakt. Backe in mittlerer Hitze, 360 Grad.

Deutsche Biscuit-Torte (kalt).
No. 3.

Schlage 15 Eiweiß zu steifem Schnee, dann schlage von einem Pfund feinem Zucker einige Hände voll zum Schnee und meliere den übrigen Zucker und dann

15 Eigelb mit dem Schneebesen hinzu. Nehme den Besen heraus und meliere leicht mit einem Holzspatel darunter 1 Pfund feines gesiebtes Kuchenmehl und Citronengeschmack. Backe leicht und nicht so heiß, 350 bis 360 Grad.

Große Biscuit-Torte.
No. 4.

Rühre in einer Schüssel schaumig: 18 Eigelb mit 1 Pfund feinem Zucker. Schlage recht steif 18 Eiweiß, gebe ¼ davon in den Zucker und dann meliere ein Pfund gesiebtes Kuchenmehl darunter, den Rest vom Schnee vorsichtig mit einziehend. Citronengeschmack. 340 bis 360 Grad.

Echte Wiener Biscuit-Torte.
No. 5.

Schlage 28 Eiweiß zu steifem Schnee, am besten altes Eiweiß, gebe bei, Handvoll, 1 Pfund Staubzucker, dann 28 Eigelb und zuletzt 1 Pfund zweimal gesiebtes Kuchenmehl.

Meliere so leicht wie möglich. Backe rasch in einer viereckigen tiefen Form. Diese Torte muß in Flughitze rasch aufgezogen werden, und wird in Folge dessen gewöhnlich oben ziemlich braun, was jedoch nicht beachtet zu werden braucht. Wenn der Teig oben ist, kann man die Dämpfer (dampers) ziehen und langsam ausbacken. Wird in 5 Cents-Stücke geschnitten und mit Zucker bestaubt. Erst 400 Grad, dann rasch kühlen.

Sand-Torte.
No. 6.

Gebrauche Rezept für deutsche Biscuit-Torte, nehme aber ½ Pfund Kuchenmehl mit ½ Pfund Stärkemehl· gut zusammengesiebt, und gebe auch noch 6 Unzen aufgelöste heiße Butter hinzu. Darf heißer gebacken werden wie Biscuit. 380 Grade.

Sponge-Cake (Amerikanisch).

1 Pfund feinen Zucker und 12 Eier gut aufgeschlagen, setze in heißes Wasser und schlage mit dem Schneebesen bis gut warm und steif, und gebe dann 1 Pfund

Stärkemehl, gesiebt mit 1 Unze Backpulver, hinzu und backe in Kapseln. 360
Grad Hitze.

Gelée-Roulade (Jelly Rolls).

Das Sponge Cake= Rezept (No. 6) macht eine sehr feine Gelée=Roulade.
Lege eine große Kuchenpfanne mit Papier aus und dressiere die Masse mit dem
Dressierbeutel und Lady finger=Tülle ganz dünn darauf. Backe sehr rasch und
leicht. Bestreue ein Stück Papier mit Staubzucker, stürze die Biscuitplatte darauf
und entferne alles Papier, welches mitgebacken wurde; bestreiche gut mit Johan=
nisbeer=Gelée und rolle auf.

Gelée-Roulade (billiger).

Verrühre gut 1 Pfund Zucker und 6 Eier; gebe dazu ½ Pint Milch, Citro=
nengeschmack, 1½ Pfund Kuchenmehl gesiebt mit 1 Unze Backpulver. Behandle
wie obigen.

Punschtorte.

Backe 3 einen halben Zoll dicke Lagen von Biscuitteig No. 1 oder No. 5.
Verdünne Apfel=Marmelade oder Quitten=Gelée mit einem Gläschen Rum, be=
sprenge die Lagen mit etwas Rum oder Arak, bestreiche 2 mit obiger Marmelade
oder Gelée und setze zusammen. Glasiere mit Wasserglasur, welcher etwas Rum
oder Citronensaft beigefügt wird.

Echter Pfundkuchen (Pound Cake).

1 Pfund Staubzucker und 1 Pfund gewaschene Butter. Reibe bis gut
schaumig. Dann arbeite 10 Eier, welche jedoch erst mit dem Schneebesen auf=
geschlagen werden müssen und solange wie möglich im Eiswasser standen, eins
nach dem andern hinein und gebe dann zu diesem 1 Pfund Kuchenmehl und ein
wenig Muskatnuß.

Backe in kühlem Ofen etwa 2 Stunden; wenn in zwei Pfannen vertheilt,
1½ Stunde. Um ganz gewiß zu sein, nehme einen starken Strohhalm und steche
mit diesem in der Mitte in den Kuchen, wenn beim Herausziehen dieser trocken,

d. h. kein Teig mehr daran hängt, ist der Kuchen gebacken. Aber rühre den Kuchen nie zu eilig an, stoße oder rüttle nie ehe dieser nahezu ausgebacken, da sonst der Kuchen (dies gilt für alle größeren Kuchen) gerne fällt und kein noch so heißes Feuer ihn wieder aufbringen, d. h. die Mitte ausbacken kann.

Pfundkuchen mit Rosinen (Pound Raisin Cake).

Füge zu Obigem 1½ Pfund Sultana-Rosinen, welche jedoch erst gut mit Mehl eingerieben werden müssen, und arbeite diese sehr leicht in den Teig.

Billigerer Rosinenkuchen (Common Raisin Cake).

Zwei Pfund Zucker werden mit 1¼ Pfund Butter schaumig gerührt, gebe langsam bei, 1½ Pint Eier, hernach 1½ Pint Milch, 1 Unze Backpulver mit 2½ Pfund Kuchenmehl gesiebt; dann 3½ Pfund Sultana-Rosinen mit ½ Pfund Mehl vermengt. Dieser Kuchen ist sehr fein und backt bei 350 bis 360 Grad Hitze.

Citronat-Kuchen (Citron Cake).

Rühre 1½ Pfund Butter mit 1¾ Pfund Staubzucker, gebe langsam 1½ Pint Eiweiß hinzu, dann 2 Pfund Mehl mit ½ Theelöffel Backpulver gesiebt. Meliere darunter einen Theelöffel Mandelextrakt und zuletzt 1 Pfund feinge= schnittenes Citronat. 340 Grad Hitze.

Damenkuchen (Lady Cake).

Ganz dasselbe wie obiger Citronat-Kuchen, das Citronat weglassend.

Damen-Kuchen (sehr fein).

Rühre 2 Pfund feinen Zucker mit 1½ Pfund Butter schaumig, dann rühre ¼ Theelöffel bittere Mandeln und die Hälfte des von 16 Eiweiß geschlagenen Schnee's darunter; dann etwas von 2¼ Pfund gesiebtem Kuchenmehl, dann den übrigen Schnee und zuletzt das übrige Mehl. Backe bei etwa 350 Grad Hitze.

Strawberry Short Cake.

No. 1.

Mache einen guten Thee=Biscuitteig und rolle etwa ¼ Zoll dick aus und schneide in der Mitte entzwei, so daß ein Stück so groß ist wie das andere. Be= streiche das eine Stück leicht mit Butter und lege das andere Stück darauf und backe in heißem Ofen. Wenn gebacken, werden beide sich leicht von einander nehmen lassen und bestreiche beide gut mit Butter.

Vermische die Erdbeeren gut mit genug Zucker und setze bis zum Gebrauch an einen kühlen Ort. Belege das Bodenstück gut mit der Hälfte der Beeren und lege das andere Stück auf diese. Dann belege die Decke mit den übrigen Beeren und über das Ganze dressiere Schlagrahm oder Charlotte Russe.

Strawberry Short Cake.

No. 2.

Nehme Böden von Layer cake=Masse, oder Biscuit=Masse, bestreiche die= selben mit Meringue (6 Eiweiß=Schnee, ½ Pfund Staubzucker), belege mit Erd= beeren eine Lage, setze einen Boden darauf, bestreiche wieder mit Schaummasse und belege mit ausgesuchten Erdbeeren in Reihen, bestaube mit Zucker und Flamme im Ofen rasch ab. Viereckige Böden, so behandelt, können in 3 und 5 Cents Stücke geschnitten werden und verkaufen sich sehr gut.

Silberkuchen (Silver Cake).

No. 1.

½ Pfund Butter, ½ Pfund Schmalz wird mit 1½ Pfund grobem Staub= zucker schaumig gerührt, dann gebe 1 Pint Eiweiß langsam unter stetigem Reiben dazu, dann ½ Pint Milch und ¼ Unze Soda, in der Milch aufgelöst, und zuletzt 2 Pfund Kuchenmehl mit einer ½ Unze Cream of Tartar, gut gesiebt, und ein wenig Citronen=Extrakt.

Silberkuchen (anderer Art).

No. 2.

Reibe ¾ Pfund Zucker und ½ Pfund in Eiswasser gewaschene Butter schaumig, schlage 7 Eiweiß erst auf und reibe diese dann langsam hinein, und dann füge ½ Taſſe Milch und 1 Pfund Kuchenmehl, geſiebt mit 1 Theelöffel Backpulver. Reibe Alles gut auf. Backe in mit Papier ausgelegten Pfannen bei 350 Grad Hitze etwa ½ Stunde.

Citronenkuchen (anderer Art).

Schneide ½ Pfund Citronat ſehr dünn, reibe gut mit Mehl ein und miſche zu obigem Silberkuchen No. 2. Backe etwas langſamer mit 350 Grad Hitze.

Gold Cake.

Zu ½ Pfund Butter mit ¾ Pfund Zucker ſchaumig gerieben, gebe langſam 5 Eier, dann ¾ Taſſe Milch und 1 Pfund Kuchenmehl, geſiebt mit 1 Theelöffel Backpulver und Yolkaline. Backe in flachen Kuchenformen, ausgelegt mit Papier. Dieſer Kuchen wird immer zu Ihrer Zufriedenheit ausfallen, kann mit 380 Grad Hitze gebacken werden und können demſelben durch Hinzufügen von verſchiedenen Extrakte neine Menge Namen beigelegt werden.

Layer Cake.

Für Layer cake hatte ich noch nie einen beſſeren Erfolg, als wie mit obiger Miſchung, da dieſe gleichmäßig backen und nicht in der Mitte aufblaſen. 390 Grad Hitze.

Marmorkuchen (Marble Cake).

Gold Cake Teig iſt gerade was gewünſcht; nehme ½ Theelöffel rothe Farbe in eine Taſſe und miſche mit ¾ Taſſe des Teiges zu einem feinen Roth. Laſſe ein Stück Chocolade vergehen und miſche mit genug Teig bis ſchön dunkel= braun. Lege eine geſchmierte Pfanne mit Papier aus und fülle mit dem nicht= gefärbten Teig halb voll. Dann ſchneide mit einem Eßlöffel 4 breite tiefe Rin= nen in dieſen Teig und fülle in dieſe den rothen und braunen Teig, und über dieſen ſtreiche den nicht gefärbten Teig; dann fahre mit einem großen Meſſer einige Mal quer durch die Maſſe. Backe zum wenigſten 1 Stunde und laſſe den Schnee erſt mittelmäßig heiß ſein und laſſe gegen Ende einer halben Stunde langſam abkühlen.

Hochzeitskuchen (Wedding Cake).
No. 1.

Reibe 1 Pfund Butter mit 1¼ Pfund Staubzucker schaumig, füge langsam 12 Eier, eins nach dem andern, 1¼ Pfund Kuchenmehl, 1 Theelöffel Backpulver hinzu.

Weiche 1½ Pfund gewaschene Corinthen, 1½ Pfund gesteinte Rosinen, ¾ Pfund Citronat, feingeschnitten in Brandy oder Rum ein. Reibe diese zum Ersteren und würze mit ½ geriebenen Muskatnuß.

Backe zum wenigsten 3 Stunden. Dieser Kuchen kann lange Zeit aufbewahrt werden. Auch mag etwas Vanille= oder Mandel=Extrakt beigegeben werden.

Hochzeitskuchen.
No. 2.

Nehme den echten Pfundkuchen No. 1 und arbeite dazu ½ Pint dunklen Molasses, 2 Unzen Zimmt und Allspice. Dieselbe Frucht, wie oben in No. 1. Füge ein wenig Vanille= oder Mandel=Extrakt bei.

Weinkuchen (Wine Cake).
No. 1.

Reibe 2 Pfund Zucker mit ¾ Pfund Butter und Lard schaumig, dann gebe· 5 Eier, eines nach dem anderen, 1 Quart Milch, 1 Eßlöffel Vanille, 3 Pfund Kuchenmehl und 2 Unzen Backpulver, mit dem Mehl gesiebt. Backe in 370 Grad Hitze. Glasiere mit Eiweiß=Glasur, gewürzt mit Citronensäure oder Wein. Ein Theelöffel Yolkaline.

Weinkuchen.
No. 2.

2 Pfund Butter und Schmalz, 4 Pfund feinen Zucker, reibe schaumig, 1½ Pint Eier, 3 Pint Milch, 6 Pfund Mehl, 3 Unzen Backpulver und ein wenig Yolkaline. Lege runde kleine Formen mit Papier aus, fülle und streue ein wenig Staubzucker über die Masse. Mische wie oben.

Herzogin-Kuchen (Dutchess Cake).
No. 1.

Mische wie Letzteren: 1 Pfund Schmalz und Butter, 2 Pfund Zucker, ½ Theelöffel Yolkaline, 7 Eier, 1¾ Pint Milch, Muskatblüthe und 3¼ Pfund Mehl, mit 2½ Unze Backpulver gesiebt.

Herzogin-Kuchen (anderer Art).
No. 2.

Reibe 2½ Pfund Zucker mit 1½ Pfund Butter und Schmalz schaumig; ein Quart Eier, ein Quart Milch und eine Unze Soda, 4½ Pfund Kuchenmehl, gesiebt mit 2 Unzen cream of tartar, Muskatblüthe und Vanille. Glasiere halb mit Chocolade- und halb mit Vanille-Glasur.

Engelessen (Angels' Food).

Schlage 10 Eiweiß zu sehr steifem Schnee. Siebe zusammen ½ Pfund Staubzucker, 5 Unzen Kuchenmehl, ½ Theelöffel cream of tartar und arbeite (meliere) dies mit einem Holzspatel leicht in den Schnee. Wenn nicht im Besitze von Angels' Food-Formen, nehme runde tiefe Kuchen-Formen; mache aus Pappendeckel eine 2 Zoll weite Röhre und setze diese in die Mitte der Formen. Die Pfannen sollten einige Zeit in kaltes Wasser gelegt werden und sollten, wenn ausgefüllt, noch feucht sein. Die Pfannen dürfen nicht fettig sein. Backe ungefähr 30 Minuten; wenn gebacken, stürze die Formen um, aber lege ein Stückchen Holz unter die eine Seite, damit der Dampf heraus kann. Würze mit 1 Theelöffel Vanille.

Gelée-Torte (Layer Cake).

Reibe 2 Pfund Zucker mit 1 Pfund Butter und Schmalz schaumig, reibe langsam 7 Eier, dann 1¾ Pint Milch und zuletzt 3 Pfund Kuchenmehl, gesiebt mit 2 Unzen Backpulver, dazu. Streiche die Pfannen gut mit Fett ein, lege ein kleines Stückchen Papier in die Mitte und lege die Formen etwa ½ Zoll dick mit der Masse aus und streiche mit dem Paletmesser eben. Backe sehr rasch und stürze sofort auf mit Zucker bestreutes Papier. Dies ist ein sehr zuverlässiges Rezept.

Kokosnuß-Torte (Cocoa-Nut Cake).

Setze 3 Lagen, wie oben, aber mit Eiweißglasur, zusammen und streue etwas gemahlene Kokosnuß dazwischen. Glasiere an der Seite und Decke und bestreue mit Kokosnuß über und über. Gebe der Glasur einen reichen Vanillegeschmack.

Chocolade-Torte (Chocolade Cake).

Dasselbe wie Kokosnuß, nur fülle und glasiere mit Chocoladeglasur, und belege oben mit halben Wallnüssen.

White Mountain Cake.

Backe in layer cake=Formen, ¾ Zoll dick, die folgende Mischung :] 1½ Pfund Zucker, schaumig gerieben mit 12 Unzen Butter, dann reibe zu diesem 12 Eiweiß, dann 1 Pint Milch, 1½ Unze Backpulver, gesiebt mit 2 Pfund Kuchen= mehl. ' Vanille=Extrakt.

Setze mit Frucht=Gelée zusammen, bestreiche oben ziemlich dick mit Merin und bestreue gut mit Kokosnuß und setze zum Abflammen in den Ofen.

Mandel-Torte.

Reibe schaumig ½ Pfund Heide's Almond Paste, d. h. Mandelteig, ¾ Pfund Zucker und 12 Eigelb und ein ganzes Ei. Schlage 12 Eiweiß zu steifem Schnee und gebe dazu. Zuletzt arbeite leicht 10 Unzen Kuchenmehl und etwas Vanille hinein.

Backe bei Mittelhitze in großer Tortenform oder in einer Kapsel. Als Kapsel gebacken, schneide in zwei Hälften, fülle mit Mandelcréme, setze zusammen und glasiere leicht mit Vanille=Glasur.

Goldene Regeln für Loaf Cakes.

Schmiere und lege die Pfannen mit Papier aus.

Füge Yolkaline zu der Butter oder dem Fett.

Ehe die Eier zur Butter gefügt, schlage erstere mit dem Schneebesen oder einer Gabel gut auf, und gebe dann eins nach dem andern, mit der Butter gut verreibend, hinzu.

Wasche die Butter immer erst gut in Eiswasser. So dieselbe dadurch oder im Winter zu steif wird; lasse im Ofen ein wenig aufwärmen.

Wenn der Ofen zu stark vom Boden backt, so setze große Kuchen auf ein anderes Blech, auf welches ein dickes Papier gelegt ist.

Frucht für Kuchen reibe immer erst gut mit Mehl ein.

Eier lege so lange wie möglich auf's Eis.

Sultana=Rosinen sind die Besten für große Kuchen.

Für viereckige Pfundkuchen, Lady= und Fruchtkuchen ist es sehr praktisch, ein Gestell aus vier starken Holzleisten herzustellen, worin der Kuchen besser an den Seiten weich bleibt.

Fünfte Abtheilung.

Kleines Theegebäck - Cookies, Cup Cakes, Snaps, etc.

Sugar Cookies.

Mische zusammen 4 Pfund Zucker, 2 Pfund Schmalz, 8—10 Eier, 1 Quart Milch, ½ Pint Wasser, 1½ Hartshorn, ¼ Unze Soda, Muskatnuß oder Citronen-Extrakt. Dann füge 8¼ Pfund Kuchenmehl bei. Rolle ¼ Zoll dick aus, wasche mit Milch, überstreue mit Zucker und backe auf geschmierten Kuchenpfannen in heißem Ofen. 400 Grad.

Shrewsbury Cakes.

1 Pfund Butter, ¾ Pfund Zucker, 1¾ Pfund Kuchenmehl, ein wenig Muskatblüthe und Zimmt; reibe zusammen, wie für Theebiscuit, dann gebe 4 Eier oder besser 8 Eigelbe, 1 Eßlöffel Rahm oder Milch unter leichtem Arbeiten hinzu und lasse einige Zeit, ehe dieselben ausgerollt werden, im Eisschranke. Rolle auf einem kalten Brette oder Stein, nicht zu dünn, aus, schneide in längliche Stücke, setze auf ein nicht geschmiertes Blech, drücke mit einer Gabel, wie rock cakes, flach und wasche mit Folgendem: verrühre 1 Ei, 1 Löffel Wasser und ½ Löffel Zucker; in ziemlich heißem Ofen gebacken.

Seed Cakes.

Werden gerade wie sugar cookies gemacht. Von diesem, eines der besten Rezepte, können durch Beigeben von Gewürzen (als Kümmel), Extrakten oder Frucht alle Sorten von cookies gemacht werden.

Jumbles oder Drops.

Reibe zusammen 1½ Pfund Staubzucker, ¾ Pfund Schmalz und Butter; dann gebe langsam 9 Eier bei und schlage gut auf, dann 1 Pint Milch, in welcher ¾ Unzen Hartshorn aufgelöst, dann 3 Pfund Kuchenmehl und 2 Löffel Citronen-Extrakt. Setze auf nicht geschmierte Pfannen und backe in mittlerer Hitze.

Für drops, bestreue mit Corinthen oder gehackten Mandeln oder Kokosnuß.

Für jumbles, glasiere nach Belieben.

Jelly-Fingers.

Dressiere von obigem Teig, wie lady fingers, auf nicht geschmierte Pfannen, bestaube mit Staubzucker, backe heiß; sobald gebacken, schneide von der Pfanne los; setze je zwei mit Gelée zusammen. Diese fingers sind sehr fein und halten sich gut in Kannen.

Jelly-Diamonds.

1 Pfund Butter und Schmalz, 2 Pfund Zucker und 3 Pfund Mehl, 1½ Pint Milch, 1 Pint Eier, Yolkaline, 1½ Unze Backpulver. Behandle wie Wein-Cake. Backe einen halben Zoll dick in Kapsel.

Neujahrs-Kuchen.

2¼ Pfund Zucker, 1¼ Pfund Butter und Schmalz, 1¼ Pint Wasser, ½ Unze Amonia und ⅛ Unze Soda, 5¾ Pfund Mehl. Behandle wie Zucker-Cakes. Wasche mit Ei, oder auch nicht, wie gewünscht. Backe heiß. Können in Formen ausgedrückt oder ausgestochen werden.

Drop Cakes.

2 Pfund und 6 Unzen Zucker, 1 Pfund und 6 Unzen Butter und Schmalz, 14 Eier, 1 Unze Hartshorn, 4½ Pfund Mehl, 1 Quart Milch und etwas Vanille.

Corinthen-Törtchen (Currant Cup Cakes).

1¼ Pfund Zucker, 9 Unzen Butter und Schmalz, 7 Eier, 1 Pint Milch, ½ Unze Hartshorn, Yolkaline und 2¼ Pfund Mehl. Streiche Förmchen nur leicht

und streue Corinthen auf die Törtchen.   Backe bei etwa 400 Grad Hitze.   Würze
mit Citrone oder Vanille.

Vanille-Törtchen (Vanille Cup Cakes).

Streiche die Förmchen besser; wärme diese gut und fülle mit obiger Masse.
Glasiere mit Vanille=Glasur.   380 Grad Hitze.

Cup Cakes (gute).

1 Pfund Butter und Schmalz mit 2 Pfund feinem Zucker schaumig reiben,
8 Eier dazu, 1¾ Pint Milch, Yolkaline, Vanille und zuletzt 3 Pfund Kuchenmehl,
gesiebt mit 2 Unzen Backpulver.

Pound Cup Cakes (sehr schmackhaft).

Reibe 1 Pfund Staubzucker mit 6 Unzen Butter schaumig; dann füge 6
Eier, eines nach dem andern, und ein Drittel Pint Milch bei.   Siebe 1¼ Pfund
Kuchenmehl mit 1 Theelöffel Backpulver und rühre gut unter die Masse.   Schmiere
und erwärme cup cake=Formen und fülle diese.

Backe in mittelmäßiger Hitze und glasiere Boden und Seiten mit gekochter
Fondant=Glasur, mit Citronensaft gewürzt.

Rock Cakes.

2 Pfund (grober und Melis)=Zucker gemischt, 4 Pfund Kuchenmehl und 2
Pfund Fett, reibe gut trocken.   Rühre ½ Unze Hartshorn in 1½ Pint Milch und
6 Eier zusammen, mische alles leicht und rolle in lange zolldicke Streifen; breche
in kleine Stücke und lege auf nicht geschmierte Pfannen, presse mit der Gabel
flach.   Mische etliche mit Corinthen.   Wasche mit Ei und backe bei 400 Grad
Hitze.

Lemon Snaps.
No. 1.

2½ Pfund feinen Zucker und 2½ Pfund Mehl, verreibe trocken mit 1 Pfund
gewaschener Butter.   Dann mische leicht mit 1 Pint Eier, etwas Yolkaline, 1½

Unze aufgelöstem Hartshorn und 1 Eßlöffel Citronen=Extrakt. Backe bei 340 Grad Hitze.

Lemon Snaps (billigere).

No. 2.

3 Pfund Zucker, 1 Pfund Butter, ¼ Pfund Schmalz, 4½ Pfund Mehl, 2 Unzen Backpulver, verreibe trocken; dann gebe 10 Eigelb, ¾ Pint Milch, etwas Polkaline und 1 Eßlöffel Citronen=Extrakt bei. ⅓ Unze Amonia.

Halbmonde (Orange Crescents).

Lege eine flache Cake=Pfanne mit Papier aus und fülle mit Folgendem: ½ Pfund Butter und Lard und ¾ Pfund Staubzucker, reibe schaumig, dann füge 5 Eier bei und schlage gut auf, dann ⅓ Pint Milch mit der geriebenen Schale einer Orange und dann mische leicht 1 Pfund Pastry=Mehl hinzu, mit welchem 1 Theelöffel Backpulver gesiebt wurde. Backe in mittelmäßiger Hitze und, wenn fertig, lege Boden nach unten, auf ein mit Zucker bestaubtes Papier und nehme das Papier ab. Wenn kalt, glasiere den Boden, welcher jetzt oben ist, mit Orangenglasur und steche in halbmondförmige Stücke aus. Der Ausstecher (ein biscuit cutter) muß jedes Mal in Wasser getaucht werden. Wenn mit Chocolade, Vanille ꝛc. glasiert, kann ein darauf bezüglicher Name beigelegt werden. Dieses Rezept wird immer zur Zufriedenheit sein und backt schnell.

Fried Cakes.

Rühre zusammen 8 Eier, 1½ Pfund Zucker, 4 Unzen Butter, 1 Quart Milch, etwas Salz und Muskatblüthe. Dann mische leicht mit 4½ Pfund Kuchenmehl gesiebt mit 2 Unzen Backpulver. Zuviel arbeiten macht den Teig zähe, daher arbeite diesen so wenig wie möglich. Habe das Fett heiß, ehe der Teig ausgerollt oder ausgestochen ist. So man sehen will, ob das Fett heiß genug ist, lasse einen Tropfen Wasser in dasselbe fallen; fängt dasselbe an zu sprudeln, so rolle den Teig aus und backe sofort. Drehe dieselben jedoch im Fette um, ehe sie aufreißen oder Blasen ziehen.

Doughnuts oder Crullers.

3 Eier, 10 Unzen Zucker, 1 Pint Milch, 2 Unzen Butter und etwas Muskat=
blüthe, mische zusammen. Dann füge 2 Pfund Mehl, gesiebt mit 1 Unze Back=
pulver hinzu. Soll saure Milch gebraucht werden, nehme anstatt Backpulver ½
Unze cream of tartar zum Mehl und ¼ Unze Soda in die Milch. Steche mit
cruller=Ausstecher aus und ziehe die eine obere Ecke durch den Einschnitt zu einem
Knoten. Wenn gebacken, rolle diese in Zimmtzucker.

Raised Doughnuts.

Löse 2 von Fleischmann's yeast cakes in 1½ Pint lauwarmer Milch auf
und füge zu diesem ¾ Pfund Zucker, 3 Unzen Butter, 4 Eier, oder besser 8 Ei=
gelbe, Salz und Muskatnuß, und mache dann mit genug Kuchenmehl zu einem
weichen Teig. Setze diesen an einen warmen Ort und lasse ungefähr 1½ Stunde
gehen. Dann arbeite ein wenig mehr Mehl hinein und lasse wieder aufgehen.
Rolle dann etwa einen halben Zoll dick aus, steche mit fried cake=Stecher aus,
lasse einige Minuten stehen und backe in nicht zu heißem Fette.

Berliner Pfannkuchen (Jelly Doughnuts).

Mache denselben Teig wie oben, breche ab und rolle wie kleine Wecke auf.
Lasse auf einem mit Mehl bestaubten Brette aufgehen. Dann drücke mit der
Hand flach aus und lege einen Theelöffel Marmelade oder jam in die Mitte.
Ziehe den Teig von allen Seiten darüber und presse oben gut zusammen. Setze
auf ein mit Mehl bestaubtes Tuch, zum Aufgehen, bedecke mit einem anderen
Tuch und setze an einen warmen Ort. Wenn genug aufgegangen (etwa zweimal
so groß), setze vorsichtig in heißes Fett. Backe langsam und drehe nicht zu schnell
im Fette um.

Wenn gewöhnliche crullers oder Berliner Pfannkuchen verlangt werden,
arbeite zu einem Stücke Brodteig etwas Zucker. Schneide aus, wie die Anderen,
backe langsam und bestaube mit Zimmtzucker.

Fried Cakes (anderer Art).

No. 1.

Rühre 1¼ Pfund Zucker, 5 Eier, ¼ Pfund Butter, 1 Quart Milch, etwas Volkaline und Muskatblüthe zusammen, dann gebe 4 Pfund Kuchenmehl, gesiebt mit 2 Unzen Backpulver, hinzu.

Crullers.

Das obige Rezept macht sehr gute crullers. Steche ¼ Zoll dick aus und schlinge ein Ende durch die Mitte und lasse erst einige Minuten stehen. Backe langsamer als fried cakes.

Strawberry Short Cake.

No. 2.

Nehme 1 Quart Kuchenmehl, 2 Theelöffel Backpulver, Salz, ¼ Pfund Butter, und genug Milch zu einem weichen Teig. Arbeite so wenig wie möglich. Backe in zwei gleichgroßen Kuchenpfannen rasch in heißem Ofen. So lange noch heiß, schneide diese in der Mitte der Länge nach durch und bestreiche gut mit Butter.

Wasche und rinse die Beeren gut in einem Sieb, zerdrücke sie ein wenig und versüße mit genug Zucker. Zwischen jede Lage und auf den Deckel lege genug schöne reife Erdbeeren und bestreue reichlich mit Zucker. Auf den Deckel gieße gewaschene, ein wenig zerdrückte und mit Zucker überzogene Beeren, welche die Stelle von Sauce vertreten müssen.

Strawberry Meringue Short Cake.

No. 3.

Backe zwei lange Streifen, wie für No. 1. Bestreiche den unteren mit nicht zu leichter Schaummasse, (10 Eiweiß zu steifem Schnee schlagen und mit 1 Pfund Staubzucker melieren), lege eine Lage zuckerbestreute Beeren und dann den anderen Streifen darauf. Bestreiche wieder mit der Schaummasse und lege die Beeren schön in Reihen darauf. Bestreue mit Zucker und flamme im Ofen ab, etwa 5 Minuten.

Allgemeine Bemerkungen.

Für cookies gebrauche, wenn möglich, immer Kuchenmehl. Wenn Brod= mehl gebraucht werden muß, nehme immer 2 Unze weniger am Pfund.

Wenn cream of tartar gebraucht, nehme Zweidrittel cream of tartar und ein Drittel Soda (saleratus).

Cream of tartar mische mit Mehl und Soda mit Milch.

Um cup cakes oben schön eben und glatt zu machen, müssen die Formen erst gestrichen und dann heiß gemacht werden; sollen diese jedoch oben aufsprin= gen und Köpfe bekommen, streiche die Formen leicht und erwärme diese nicht.

Sollen die cookies oben eine schöne Farbe erhalten, so wasche diese vor dem Backen mit 1 Ei, etwas Salz oder Zucker und Puder gemischt.

Lemon und ginger snaps u. s. w., werden mit Zucker, Mehl und Butter trocken gemischt, dann erst mit Eiern u. s. w. leicht angewirkt.

Soll ein solcher Teig anders behandelt werden, so ist es immer im Rezepte bemerkt.

Cookies werden immer Fett, Zucker, Eier, Milch oder Wasser und zuletzt das gesiebte Mehl hinzugegeben.

Schmalz, Butter und Fett, überhaupt für cookies und snaps, muß immer kalt stehen, um dasselbe steif zu erhalten.

Weicher A oder brauner C Zucker ist für cookies, da mit diesem die cookies nicht so trocken ausbacken, sehr zu empfehlen.

Macht man einen Teig von demselben Material, aber mischt man denselben verschiedenartig, so werden auch die cookies jedesmal anders aussehen. Was sehr berücksichtigt werden muß.

Crême, Schlagrahm u. s. w., der übrig bleibt, wird in den meisten Back= stuben weggeworfen; während dieses in sugar lemon cookies u. s. w. verwen= det werden könnte und diese schöner macht.

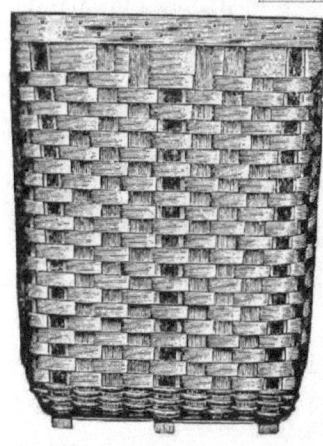

Sechste Abtheilung.

Macronen, Kisses, Schaumsachen, Dessertkuchen.

Mandel-Macronen (Amerik.)

No. 1.

Hierzu kann man den Mandelteig, Marzipan ähnlich, schon fertig kaufen und bezahlt es sich nicht, selbst die Mandeln zu schälen und zu reiben. (Siehe Henry Heide's Advertisement.)

Reibe 1 Pfund almond paste mit 4 Eiweiß zart; gebe dann 1 Pfund feinen und 3 Unzen granulirten Zucker, dann ½ Eischale voll Wasser, etwas Vanille oder Citron und genügend Eiweiß hinzu, daß die Masse gerade weich genug ist, um noch stehen zu bleiben, ohne zu laufen. Dressiere auf Papier und backe bei 350 Grad Hitze.

Pariser Macronen.

No. 2.

1 Pfund almond paste, 1 Pfund feinen Zucker, 5 bis 6 Eiweiß, arbeite zu einer steifen Masse und füge 1 Eßlöffel Vanille bei. Dressiere die Masse auf Papier und stecke in jedes Häufchen drei gespaltene Mandeln, lasse ½ Stunde stehen und backe dann. Streiche dann sofort mit etwas dickem Syrup.

Süße Macronen (deutsches Rezept).

No. 3.

1 Pfund geschälte Mandeln, reibe mit Eiweiß fein; 2 Pfund feinen Zucker, gut darunter gearbeitet, etwas Wasser, falls die Mandeln trocken waren. Dressiere wie oben. Feuchte den Dressierbeutel erst etwas an.

Macronen (anderer Art).

No. 4.

Stoße 1 Pfund süße Mandeln im Mörser fein, immer ein wenig mehr von 1½ Pfund feinen Zucker zugebend, öfters das Gestoßene siebend; zuletzt noch ½ Pfund granulirten Zucker, genug Eiweiß und etwas Vanille beigebend, so daß die Masse nicht zu weich wird. So die Mandeln sehr trocken waren, gebe 1 Ei- schale Wasser hinzu. Dressiere wie oben.

Princess Macronen.

No. 5.

Backe Masse No. 1 gut aus. Dann drücke sofort mit einem runden Stäb- chen, für runde Macronen; mit einem länglichen Holz, für ovale Macronen, eine Vertiefung in deren Mitte; fülle die Vertiefung, der Runden mit steifer Rosen- glasur; der Ovalen mit Chocolade aus; dann lege zwei Querstreifen anders- farbiger Glasur darüber und lasse hart werden.

Gelée-Macronen.

No. 6.

Behandlung dieselbe, nur fülle mit Gelée und überstreiche mit dünner Glasur.

Kokosnuß-Macronen.

No. 7.

1½ Pfund Zucker mit 1 Pfund cocoa-nut. Schlage 9 Eiweiß zu Schnee, gebe 15 Tropfen Essigsäure dazu; nach und nach etwas von dem Zucker und zu- letzt meliere mit dem Spatel Alles zusammen. Vanille. Dressiere auf gestaubte, kalte Butterbleche mit dem Löffel kleine Häufchen und backe kalt. 335 Grad.

Gestreute Macronen.

No. 8.

Bestreue Macronen No. 1 mit nonpareille oder Hagelzucker, sobald wie dressiert, oder auch mit feingehackten Mandeln.

Macron-Souflée.

¾ Pfund almond paste, reibe mit 2 Pfund Zucker und genug Eiweiß zart. Schlage den Rest von 18 Eiweiß zu steifem Schnee, mische Alles, etwas Vanille ; eine Handvoll Mehl kann beigegeben werden, und backe auf butterbestrichenen, bestaubten Pfannen kalt.

Mandel-Croquettes.

Schlage ½ Pfund Zucker gut mit 3 Eier auf, füge eine abgeriebene Citronenschale, dann 1 Tasse gehackte Mandeln und 1 Pfund Mehl (gesiebt) bei. Glasiere mit Rosenglasur. Backe in langen Streifen.

Macronen-Schnitten (sehr fein).

Backe 2 Zoll breite Mürbteigstreifen halb aus, dann lege von sehr steifer Macronenmasse einen Streifen mit Sternfülle an jeder Außenseite und fülle dazwischen mit Macronenmasse, die mit Eigelb und 1 Handvoll Mehl verdünnt ist. Nach dem Backen glasiere dünn.

Haselnuß-Halbmonde (Crescents).

Von Masse No. 2 dressiere kleine Rollen ; rolle diese in gehobelten Haselnüssen und lege in Halbmondform auf Papier. Wenn gebacken, glasiere mit Vanilleglasur.

Blättermasse.

Reibe 4 Unzen Mandeln, 6 Unzen feinen Zucker und gebe 3 Unzen Mehl bei ; oder auch nehme almond paste anstatt Mandeln, gebrauche dann jedoch nur 1 Unze Mehl. Blätter werden auf Wachsblechen, oder mit Fett bestrichenen und kaltgestellten Pfannen gebacken. Sehr rasch ; etwa 3 bis 5 Minuten. Schablonen kann man von Pappe selbst machen.

Chocolade-Eclairs.

Dasselbe wie cream puffs, nur dressiere mit Beutel und Tülle in lady finger-Form (nur zweimal so dick). Fülle mit Crème und glasiere mit Chocoladeglasur. Halte den Teig etwas steifer.

Champagner-Hippchen (Wafers).

Mische 6 Unzen Staubzucker, 3 Unzen Kuchenmehl, 3 Eier und 1 Theelöffel Vanille gut.

Reinige Kuchenpfannen sehr gut, erwärme und bestreiche mit Bienen=Wachs. So die Küche zu heiß ist, setze die Pfannen, bis das Wachs erhärtet, in den Eis= schrank. Im Winter kann gute Butter gebraucht werden. Bei Löffel voll streiche die Masse auf die Pfanne in der Größe eines buckweath cakes, aber papier= dünn, backe schnell, in etwa 3 Minuten. Wenn sie anfangen, am Rande braun zu werden, rolle fest auf einen runden Stab von der Dicke des kleinen Fingers. Noch besser streiche mit weichem Pinsel auf die Bleche.

Kisses.

No. 1.

Schlage zu steifem Schnee 4 Eiweiß, dann füge eine Handvoll von ½ Pfund Staubzucker unter stetigem Schlagen hinzu, mit dem Spatel meliere den übrigen Zucker langsam, etwas Vanille hinzu. Dressiere mit Beutel und Sterntülle auf geschmierte und bestaubte kalte Pfannen in schöne Ringe u. s. w. Bestaube mit Staubzucker oder für cocoa-nut kisses gut mit Kokosnuß und lasse im Ofen sehr langsam backen. Wenn dieselben durch Anstoßen der Pfannen sich loslösen, sind sie gebacken.

Crême Kisses.

No. 2.

Dieselbe Mischung wie oben; weiche ein Brett gut in Wasser (½ Stunde) ein. Dressiere rund oder länglich auf starkes Papier, bestaube mit Zucker, diesen vom Papier wieder abblasend. Lege Letzteres auf das nasse Brett und backe langsam. Wenn die kisses genug Kruste haben, damit man sie vom Papier ab= nehmen kann, setze je zwei zusammen und lasse trocknen.

Frucht-Kisses.

No. 3.

Wie Crême=kisses, nur lege eine Lage eingemachte Frucht vor dem Zusam= mensetzen dazwischen. Den Syrup muß man jedoch erst gut ablaufen lassen.

Spanische Kisses.

No. 4.

Dasselbe wie No. 3, lege statt Frucht French glacé-Kirschen, welche erst in Sherry-Wein eingeweicht, dazwischen.

Alle diese kisses sind mit so wenig Kosten verbunden und so leicht, daß Sie eine große Auswahl, und wenn im Besitze eines Beutels und Tüllen, in allen Formen haben können. Siehe Abvertisement für Beutel und Tüllen.

Lady-Fingers.

Diese können aus der warmen sponge cake-Mischung gemacht werden. Doch ziehe ich folgendes Rezept vor:

Schlage 8 Eiweiß zu steifem Schnee, rühre 10 Eigelb, ½ Pfund Zucker und etwas Citronen-Extrakt zusammen, meliere den Schnee darunter und zuletzt ½ Pfund Mehl. Bestaube mit Staubzucker und backe in sehr heißem Ofen, 410 Grad Hitze. Wenn gebacken, lege das Papier nach oben, befeuchte mit warmem Wasser, weiche, nehme die lady fingers ab und setze je zwei zusammen.

Geduldskuchen (Patience).

Schlage 1 Pfund Eiweiß ein wenig auf, nicht steif. Rühre 2 Pfund Zucker, dann 1½ Pfund Kuchenmehl und 1 Unze Vanille darunter.

Auf Wachsbleche, trockne oben gut und backe langsam.

Vanille Wafer Jumbles.

Reibe ½ Pfund Staubzucker und ½ Pfund Butter schaumig, dann gebe 2 Eier, Vanille und zuletzt 9 Unzen gesiebtes Kuchenmehl hinzu. Streiche die Pfannen leicht; bestaube mit Mehl, dressiere mit Beutel und Sterntülle in Thaler-große Ringe auf diese. Backe in derselben Hitze wie cookies.

Boston Cream Puffs.

Nehme 1 Pint Wasser und Milch und koche mit 8 Unzen Schmalz, wenn gut kochend, rühre 1 Pfund Kuchenmehl hinein, lasse, stetig rührend, am Feuer bis sich die Masse vom Boden löst. Bevor kalt, füge 10 bis 12 Eier, eines nach dem andern, Citronen-Extrakt, Salz und eine Messerspitze Hartshorn bei. Dressiere auf Pfannen. Backe in heißem Ofen; wenn abgekühlt, schneide in der Mitte halb auf und fülle mit Custard Crême oder Schlagrahm.

Chocolade-Schaum.

Zum Schnee von 8 Eiweiß schlage 1 Pfund Staubzucker; dann lasse lang= sam ¼ Pfund aufgelöste bittere Chocolade hinein laufen. Dressiere mit Stern= tülle auf Butterbleche, lasse trocknen und backe kalt.

Wiener-Theegebäck.

8 Eier, 1½ Pfund Zucker, schlage etwas warm auf; gebe 1¼ Pfund Kuchen= mehl dazu und 1 abgeriebene Citrone. Dressiere in verschiedene Façonen als Ringe, kleine lady fingers, Plätzchen u. s. w. auf gestaubte Butterbleche; lasse trocknen und backe mittelmäßig bei etwa 340 Grad Hitze.

Mandel-Plätzchen.

Dasselbe wie oben, nur streue mit gehackten Mandeln und trockne nicht.

Zimmt-Sterne.

4 Unzen rohe Mandeln, reibe mit 3 Eiweiß. Wirke mit genug Staubzucker und 2 Eßlöffel Zimmt zur steifen Masse. Backe ganz kalt auf Butterblechen. Glasiere.

Wiener Tafel-Biscuits (Lady Fingers).

Schlage 14 Eiweiß zu steifem Schnee, gebe 1 Pfund feinen Zucker bei, 14 Eigelb meliere leicht dazu, dann 14 Unzen Mehl, gesiebt, und Vanille. Dressiere mit Beutel und lady finger=Tülle (siehe Advertisement) auf Papier, bestaube 3 Mal mit Staubzucker und backe sehr rasch. 410 Grad Hitze.

Wiener Mürbteig.

Wasche 1 Pfund Butter in Eiswasser und schaffe dann alles Wasser und Milch wieder gut heraus und hacke diese mit 1½ Pfund Kuchenmehl fein. Dann vermische mit 1 Theelöffel Citronen=Extrakt oder einem Eßlöffel des zubereiteten Gewürzes, ½ Pfund Staubzucker, 5 Eier oder besser nehme 10 Eigelb und lege auf's Eis.

Nehme ⅓ dieser Masse, rolle und steche in cookie=Formen aus, aber klein. Zu einem anderen Stück der Masse mische eine Handvoll Corinthen und rolle in 1 Zoll dicke Rollen, schneide diese in ½ Zoll breite Stückchen, lege die geschnittene Seite auf nicht geschmierte Pfannen und drücke mit der Gabel kreuzweise darauf. Den Rest des Teiges mache in Bretzeln u. s. w. auf. Wasche Alles wie Shrewsbury cakes und backe bei 380 Grad Hitze.

Arm und Hammer Soda oder Saleratus, ift garantiert rein und unverfälfcht.

Hütet Euch vor den giftigen Nachahmungen unferer Arm und Hammer Backfoda.

CHURCH & CO'S
SODA

(Schutzmarke.)

Namentlich für Backwaaren mit saurer Milch, sowie für alle Molaffes-Rezepte ist

SALERATUS

immer jedem Backpulver oder Hefe vorzuziehen. Natürlich ist es dann die erste Bedingung darauf zu achten, daß man auch die ächte Waare erhält. Deßhalb sehet immer darauf, daß Ihr die **Arm** und **Hammer** Schutzmarke auf jedem Packet findet, denn unser Fabrikat giebt Eurer Backwaare keine grünliche Farbe und bitteren Geschmack, wie minderwerthige Fabrikate. Fabrizirt nur bei

CHURCH & CO., NEW YORK.

Verkauft bei allen Supply-Firmen und Groceries.

Siebente Abtheilung.

Molasses- und Honig-Bäckerei.

Im Allgemeinen ist für Molassesgebäck nur Backsoda oder saleratus zu gebrauchen. Es sollte jedoch darauf gesehen werden, nur gute reine Soda oder saleratus zu gebrauchen, daß die Kuchen, wenn gebacken, nicht nach Seife oder Lauge schmecken und grau oder grün aussehen.

Es dürfte daher, den in dieser Sache Unkundigen, empfohlen werden, sich nur an Packeten-Soda zu halten, wovon ich den Arm and Hammer Brand jedem andern vorziehe. Der Unterschied zwischen einem Pfund-Packet dieser und einem Pfund loser Soda ist im Preise nur sehr gering.

Soda muß jedoch mit großer Vorsicht gebraucht werden, da, zu viel verwendet, dieselbe schlimmer wirkt, als wenn zu wenig genommen wird.

Sehr vortheilhaft bei allen Sorten von Molassesgebäck ist es, zu jeder Unze Soda, der Masse einen Theelöffel Essig beizugeben; Letzterer tödtet den Seifengeschmack, der bei gewöhnlicher Soda dem Gebäck anhaftet.

Molasses Ginger Bread.

Mische zusammen 1 Quart dunklen Porto Rico und New Orleans Molasses, 1½ Pint kaltes Wasser, 12 Unzen Schmalz, 2 Eier, 2 Hände voll braunen Zucker, 1½ Unze Backsoda, 1 Eßlöffel Ingwer (ginger), ½ Löffel Zimmt und genug Mehl, daß es einen Teig wie für Thee-Biscuits gibt. Schmiere und lege eine Pfanne mit Papier aus, fülle mit der Masse, streiche oben mit einem nassen Messer glatt und backe etwa 1 Stunde in mittlerer Hitze, wenn die Masse alle in einer Pfanne gebacken wird; wenn jedoch in 2 Brodpfannen, backe blos etwa ½ Stunde. Sollte die Hitze von oben zu stark sein, so lege ein mit Schmalz bestrichenes Papier über die Pfanne.

Englische Corinthen-Schnitten.

Nehme ein Stück von obigem Teig und knete genug englische Corinthen hin=
ein. Rolle in lange Streifen, setze auf gut geschmierte Kuchenpfannen, drücke
ein wenig flach und backe in wärmerem Ofen 6 bis 10 Minuten. Glasiere mit
Chocolade, und wenn dieselbe getrocknet, zerschneide in ½ Zoll breite Schnitten.
Sie werden mehr wie überrascht sein von dem feinen würzigen Geschmack.

Scotch Fruit Drops.

Gebe zu obigem Rezepte 1 Pfund Corinthen, etwas gehacktes Citronat und
1 Handvoll granulirten Zucker. Drücke flach und bestreue mit Hagelzucker.

Gewürz-Törtchen (Spice Cup Cakes).
No. 1.

¾ Pfund Krümmel, 1¼ Quart Molasses, ¾ Pfund Schmalz, 1 Quart
Wasser, 1¼ Unze Soda, 2 Eier, 1 Pfund Corinthen, Vanille und Citronen=
Extrakt, Zimmt und allspice, und genug Mehl zur weichen Masse. Streiche die
Förmchen gut aus, wärme auf und fülle ¾ voll. Glasiere mit Chocolade.

Gewürz-Törtchen.
No. 2.

Lasse von obiger Masse Eier und Extrakte weg, im Uebrigen ganz dasselbe.
So die Krümmeln von gewöhnlichem Gebäck sind, nehme etwas mehr Zucker.

Washington Schnittchen.

Lege eine Pfanne, mit flachem Rand, mit Pieteig dünn aus, bestreiche ½
Zoll dick mit obiger Masse und backe in mittelmäßiger Hitze. Glasiere mit Wasser=
glasur, der etwas Rum und Citronensaft beigefügt ist.

Molasses Pfundkuchen.

Verreibe ¾ Pfund Schmalz und ¾ Pfund feinen Zucker, dann gebe 7 Eier
langsam dazu, dann mische 1½ Pint Molasses, ½ Pint Wasser und 1½ Unze
Soda zusammen; gebe dies und dann 3½ Pfund Kuchenmehl, 2 Unzen Ingwer'

und ½ Unze Zimmt zur Masse. Backe wie Gingerbrod, 350—360 Grad Hitze. Etwas Salz.

Molasses Cookies.

½ Pfund Schmalz, 1 Quart Molasses, 1⅓ Pint Wasser oder saure Milch, 1½ Unze Soda, 2 Unzen Ingwer, Zimmt und etwa 4 Pfund Mehl. Mische alles zusammen und wasche mit Milch. 400 Grad.

Ginger Cookies.

¾ Pint Molasses, ¼ Pfund braunen Zucker, ¼ Pfund Schmalz, Ingwer, ¾ Unze saleratus, ¼ Pint Wasser und genug Mehl zum Ausrollen.

Ingwer-Nüsse (Ginger Nuts).

1 Quart Molasses, 14 Unzen Schmalz, 7 Unzen braunen Zucker; dann ½ Pint Wasser, etwas Essig und 1¾ Unzen Soda, 1 Unze Ingwer und 3½—4 Pfund Mehl und etwas Salz. Dressiere mit einem Löffel oder der Hand auf leicht bestrichene und bestaubte Pfannen. 380 Grad.

Brandy Snaps.

Verrühre ½ Pint Molasses und 6 Unzen Butter mit ½ Pfund braunem Zucker, ½ Pfund Kuchenmehl und Zimmt. Breche in nußgroße Stücke und drücke auf der Pfanne flach. Backen in einigen Minuten. Rolle sofort über ein rundes Stäbchen.

Ginger Nuts.

Zu Gingerbrod-Masse gebe ½ Pint mehr Molasses, 2 Hände voll groben Zucker und mische. Setze mit dem Löffel in kleinen Häufchen auf leicht gestrichene Pfannen nnd backe heiß. 390 Grad.

Ginger Nuts (weich).

Zu 1 Quart Molasses und 1 Pint saurer Milch gebe 1 Unze Soda, 1 Thee= löffel Essig, 2 Eßlöffel Ingwer, 4 Unzen Schmalz, 2 Eier und genug Kuchenmehl zu einem weichen Teig. Backe wie No. 1, aber mache den Teig nicht zu steif. 360 Grad.

Molasses Fruchtkuchen.

1 Pfund braunen Zucker, 1½ Pfund Schmalz, 3 Pint Molasses, 3 Pint saure Milch, 8 Eier und 2 Unzen Soda, alles zusammen, gebe dazu 5—6 Pfund Kuchen= mehl, 4 Pfund Corinthen, 3 Pfund Sultana=Rosinen, 1 Pfund feines Citronat, Ingwer, Zimmt und allspice.

Backe in wine cake= oder duchess=Formen, mit Papier ausgelegt, langsam.

Krümmel-Cookies.

2½ Pfund feinen Zucker, 3 Pfund Krümmel, 1½ Pfund Schmalz, 7 Eier, 1 Quart Molasses und Zimmt. Löse 3 Unzen Soda in 1 Pint Wasser und etwas Essig auf und gebe dann etwa 5⅓ Pfund Mehl hinzu. Rolle wie ginger cookies aus, streue mit Hagelzucker und backe bei etwa 370 Grad.

Bolivars.

Mische 2 Quart Molasses, 1½ Quart Wasser, 10 Unzen Schmalz, 4 Unzen Soda, etwa 8½ Pfund Mehl, einiges Gewürz und rolle dann ¼ Zoll dick aus. Wasche mit Milch und backe in ziemlich guter Hitze.

Berkshire Cakes.

1½ Pint Molasses, Butter (Größe eines Ei), 1 Theelöffel Soda, ½ Tasse Milch, ein wenig Salz, Ingwer und genug Mehl, damit man die Masse ausrol= len kann. Rolle ¼ Zoll dick, lege in einem Vierecke auf eine geschmierte Kuchenpfanne. Dann schneide mit einem Messer in 3 bis 4 Zoll große Stücke, backe 8 Minuten in heißem Ofen. Wenn gebacken, stürze die Platte auf ein Tuch und breche in Stücke. Vor dem Backen steche gut mit der Gabel.

Molasses Frucht-Kuchen.

½ Pfund braunen Zucker, ¾ Pfund Schmalz, reibe schaumig; 1½ Pint Molasses, 1 Pint Milch, 4 Eier und 1 Unze Soda werden gut gemischt; dann füge etwa 3 Pfund Kuchenmehl, dann 2 Pfund Corinthen, 2 Pfund Rosinen, ⅛ Pfund feingeschnittenen Citronat und ein paar feingehackte Aepfel bei. Backe in geschmierten, mit Papier ausgelegten Brodpfannen, sehr langsam.

Ginger Snaps (sehr fein).

1 Pfund granulirter und 1 Pfund brauner Zucker, 2½ Quart New Orleans und Porto Rico Molasses, 1 Pint Wasser, 2½ Unzen Soda, 1⅞ Schmalz, 3 Unzen Ginger, 2 Unzen Zimmt, 1 Unze Salz und zuletzt 12½ Pfund sehr weiches Mehl, ½ Unze Amonia. Arbeite recht gut durch.

Zimmt-Wafers.

Von obigem Teig rolle ein Stück dünn aus, ohne Ginger und mit mehr Zimmt. Steche gut mit Gabel und lege auf eine leicht bestrichene Pfanne, schneide in Streifen 3 Zoll lang, 1 Zoll breit. Wasche mit Milch über und backe langsam. Schneide nochmals nach.

Dunkler Hochzeitskuchen (echter).

Siehe vierte Abtheilung.

Lebkuchen (Honey Cakes).

Lebkuchen werden in Deutschland in allen Landestheilen v e r s c h i e d e n zubereitet und gewöhnlich nach betreffenden Städten benannt. So die weltberühmten Nürnberger-, Thorner- und Basler-Lebkuchen.

Der Grundteig wird gewöhnlich schon im Spätsommer gemacht und in Bütten (entzwei gesägten Syrup- oder Molasses-Fässer) im Keller aufgestellt.

In der Regel wird jedoch diesem Grundteige nur ein Theil der Triebmasse beigefügt, das Alaun und Potasche, im Winter beim Aufmachen erst etwas Hartshorn (welches mit Eigelb verrieben), darunter gebrochen.

Grundteig.

20 Pfund Honig und 10 Pfund Molasses werden gut aufgekocht. Durch ein Sieb in eine große Schüssel (bowl) gegossen. Verreibe mit etwas Wasser

sehr fein; ¼ Pfund saleratus, ⅛ Pfund Potasche, und gebe zum Honig, wenn lauwarm. Mit genug Kuchenmehl arbeite zu einem leichten Teig. Stelle in den Keller und lasse ruhen.

Dünne Lebkuchen und Herzen.

Vor dem Gebrauch verreibe zu je 5 Pfund Teig ½ Unze Hartshorn mit Eigelb fein, und arbeite oder breche gut zart mit dem Teig. Backe erst eine Probe in mittlerer Hitze, etwa 360 Grad. Dies rolle ⅛ Zoll dick aus, setze auf leicht bestrichene Pfannen, wasche mit Leimwasser (glue) oder Eiwasch und backe.

Dicker Honigkuchen.

Mit Eigelb reibe ½ Unze Hartshorn fein; breche gut zart mit 10 Pfund Grundteig, rolle ½ Zoll dick, steche gut mit einer Gabel; bestreiche mit Milch und belege mit geschälten halben Mandeln. Backe auf gut mit Mehl bestaubten Pfannen langsam und schneide dann beliebig große Stücke. Zimmt, Kümmel.

Nürnberger Lebkuchen (echte).

Verrühre 25 Eier mit 2 Pfund feinem Zucker, ½ Unze Hartshorn, ¼ Pfund Orangenschale, ¼ Pfund Mandeln, ½ Pfund Citronat, alles feingehackt, Gewürze, 2—2½ Pfund Kuchenmehl, alles leicht gemischt. Streiche auf Oblaten, schneide in Vierecke, belege mit einer dünnen Scheibe Citronat und backe ziemlich warm.

Gewürz-Lebkuchen (amerikanische).

3 Pfund gekochter Honig, 2 Pfund Zucker, ½ Pfund Schmalz, 4 Eier ¾ Quart Milch, Gewürze, 1 Unze Hartshorn. Gebe genug Mehl, gesiebt mit einer Unze Backpulver, dazu und mache den Teig wie ginger cookies.

Basler Leckerle.

4 Pfund Honig, gekocht; mische 2 Pfund braunen Zucker, ½ Pfund Orangenschale, 2 Pfund Citronat, 2 Pfund Mandeln (feingehackt), Muskatnuß, Gewürze, Citronensaft, 1 Unze Potasche oder besser ½ Unze Hartshorn, ½ Unze saleratus hinzu. Gieße den Honig warm darüber, gebe ein Gläschen Rum oder Kirsch-

wasser dazu und wirke mit genug Mehl zu einem nicht zu steifen Teig. Backe in Platten auf bestaubten Pfannen, etwa 20 Minuten; kehre das Mehl von dem Boden, dann glasiere mit folgender Glasur:

Koche 3 Pfund groben Zucker mit 1 Pint Wasser zum Faden; reibe mit einer steifen Bürste immer etwas davon über die Lebkuchenplatten bis es abstirbt. Dann wärme dieselben nochmals und schneide in kleine längliche Tafeln.

Packe 5 Tafeln in ein glänzendes weißes Papier, lege eine Tafel oben auf und binde mit einem schmalen rothen Band zusammen.

Zucker-Nüsse.

2 Pfund Zucker, 4 Eier, 8 Gelbe, ½ Pint Milch, 1 Unze Hartshorn, mit 2½ Pfund Mehl steif angewirkt. Rolle kleine Kugeln, drücke diese flach und backe bei 350—370 Grad Hitze. Nachher werfe in gekochte Glasur und lege zum Trocknen auf ein Sieb.

Pfeffernüsse.

Behandle wie oben. 1 Pfund braunen Zucker, 1 Pint Molasses, 2½ Eier, ½ Pint Milch, Ginger, Zimmt, Nelken, ½ Unze Soda, ½ Unze Hartshorn und genug Mehl.

Regeln für Molasses- und Honig-Bäckerei.

Nehme immer sehr gewöhnliches Kuchenmehl. Manche Mühlen machen ein Solches speziell für Molassesarbeit.

Gewürze siebt man am Besten mit dem Mehl; so man diese in die Molasses giebt, sind sie schwer zu verrühren.

Soda sollte immer erst in Flüssigkeit aufgelöst werden; also auch Alaun, Potasche oder Hartshorn (ammonia).

So man hellen New Orleans Molasses hat, sollte man immer etwas dunklen Porto Rico darunter mischen.

Molasses probiert man am besten, indem man etwas Backsoda mit ein wenig Molasses verreibt. So der Molasses aufschäumt, und dabei schön braun aussieht und gut riecht, ist er gut. Sieht er aber grünlich aus und riecht fahl, so ist derselbe entweder gefälscht oder von sehr schlechter Qualität.

Alle meine Molassesrezepte sind sehr gut, um große Quantitäten zu mischen, und im Keller aufzuheben. Kann immer zum täglichen Gebrauche abgebrochen werden.

Für 28 Cents

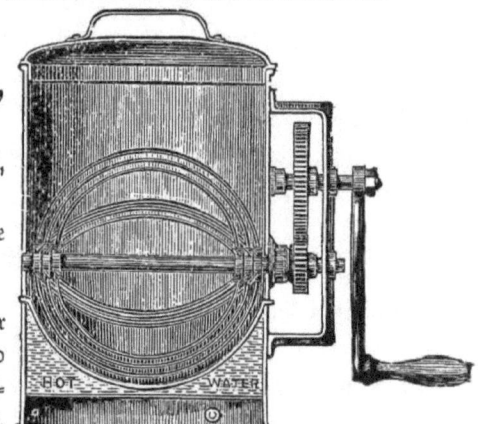

Achte Abtheilung.

Hefebäckerei im Allgemeinen.

French Rolls.

Behandle den Vorteig wie Weißbrod; dann nehme kein Wasser, sondern 4 Quart Milch, 1 Unze mehr Hefe und 4 Unzen Butter extra.

Breche, wenn fertig zum Aufmachen, in 2 Unzen schwere Stücke, rolle diese rund auf, lasse etwas angehen, drücke mit dünnem Rollholz in die Mitte bis nahe zum Boden, bestreiche mit geschmolzener Butter; lege eine Seite über die andere und drücke flach. Lasse auf gestrichenen Pfannen gut aufgehen, streiche mit Eiwasch und backe heiß.

Für gewöhnliche Wecke.

Dasselbe, nur alle nahe zusammen, rund und in eine tiefere Pfanne gesetzt.

Long Island Rolls.

Derselbe Teig, rolle rund auf, dann molde länglich, setze auf Pfannen und drücke dann gut flach.

Parkerhaus Rolls (sehr fein).

Löse 3 Unzen Hefe in 2 Quart Milch auf, gebe 2 Unzen Zucker, 1 Unze Salz, 4 Unzen Butter, 2 Unzen Schmalz, 4 Eier oder 10 Eigelb und Mehl dazu; arbeite dieses gut zart und lasse 2 Stunden an einem warmen Orte ruhen, schlage dann zusammen, lasse wieder 1 Stunde ruhen, mache in verschiedene Façonen auf, lasse aufgehen und streiche mit Eiwasch und backe rasch.

Lady Washington oder Finger Rolls.

Nehme obigen Teig, rolle rund auf, lasse etwas anspringen; dann rolle länglich und setze auf Pfannen reihenweise nahe zusammen, lasse gut aufgehen, wasche und backe.

Thee-Biscuits (Soda Biscuits).

3¼ Pfund Mehl, 3 Unzen Backpulver, 1½ Unze Salz, gesiebt; dann zer-drücke, nicht zu fein, 6 bis 8 Unzen Schmalz darunter und mische mit 1¼ Quart kalter Milch zu leichtem Teige. Rolle sofort ½ Zoll dick aus, steche aus, setze auf gestrichene Pfannen; steche alle mit der Gabel, wasche mit Milch und backe heiß.

Newport Rolls (Backpulver).

Behandle wie vorgehendes Rezept und gebe noch 2 Unze Butter dazu. Rolle ¼ Zoll dick und steche aus, bestreiche mit Schmelzbutter und lege wie French rolls zusammen, wasche und backe sofort.

Kleien Brod. Graham Bread. (Sehr fein).

Löse 2½ Unzen Hefe in ¾ Pint schwarzen Porto Rico Molasses auf, thue 3 Pint lauwarmes Wasser und 1 Eßlöffel Salz dazu, dann 3 Pint Graham Mehl und genug Brodmehl, und arbeite gut zu einem weichen Teige. Lasse 8 bis 9 Stunden ruhen; dann schneide in 1¾ Pfund Stücke ab, molde, setze in schwere Brodpfannen, lasse gut angehen und backe nicht zu heiß.

Graham Gems.

Werden von obigem Teig sehr schön. Breche den Teig in 2 Unzen große Stücke, rolle diese auf, setze in gut gestrichene Gem=Förmchen, lasse darin gut auf-gehen und backe leicht, etwa 10 Minuten.

Bond's Gluten Germ Braun-Brod (ohne Vorteig).

Nehme etwas mehr Hefe, wie für dieselbe Quantität Weizenmehl. Etwa 1 Unze Fleischmann's yeast und 2 Quart Wasser für 6 (26 Unzen schwere) Laib Brod.

Mische etwa 6 Stunden vor dem Backen; nehme etwas Molasses und Salz, gebe das Mehl zu der im Wasser aufgelösten Hefe und arbeite den Teig gut, bis er sich von der Hand loslöst. Der Teig muß sehr zart und weich sein (da das Mehl nach dem Mischen noch viel von dem Wasser auffaugt), um in der Pfanne nicht zu steif zu werden, da sonst das Brod nicht genug aufgehen kann. Nachdem der Teig gut gemischt und gut aufgegangen, arbeite ihn nochmals über; lasse 5 Minuten und forme dann in Laibe; setze diese in Brodpfannen, lasse darin gut aufgehen und backe.

Bond's Boston Braun-Brod.

4 Pfund Bond's „New Process" selbstaufgehendes Boston Braun=Brod= Mehl, 3 Pint Wasser und 1 Quart New Orleans Molasses. Mehr oder weniger Molasses mag je nach dem Belieben genommen werden.

Wasser und Molasses werden zusammengethan, das Mehl eingerührt und gut durchgearbeitet, dann sofort in runde mit einem Deckel versehene Pfannen (fülle über halb voll), welche gut mit Fett bestrichen sind, gethan und gebacken. Das Brod kann in einem wärmeren Ofen in 1½—2 Stunden gebacken werden, wird aber schöner in kühlerem Ofen.

Graham Gems (Backpulver).

Bestreiche die Gemförmchen gut und fülle mit Folgendem: ½ Tasse Zucker, ½ Tasse Schmalz, ¼ Tasse dunklen Molasses, 2 Eier, 1½ Tasse Milch, 1 Thee= löffel Salz, alles gut gemischt, dann gebe 1 Tasse Graham Mehl und 1—2 Tassen Kuchenmehl, gesiebt mit 2 Theelöffel Backpulver. Backe schnell, etwa 10 Minu= ten. Dieses ist ein ausgezeichneter Frühstück=Gem.

Wheat Gems.

Rühre gut zusammen: ½ Tasse Zucker und ½ Tasse Butter und Schmalz, dann zwei Eier oder besser 4 Eigelb, 1½ Tasse saure Milch, in welcher ½ Thee= löffel saleratus aufgelöst ist, und dann mische 1½ Pint Kuchenmehl, gesiebt mit 1 Theelöffel cream of tartar. Backe gerade wie Graham Gems.

Corn Gems (sehr fein).

Streiche und erwärme tiefe Gemförmchen gut und fülle mit Folgendem halb=
voll: 6 Unzen corn meal, 4 Unzen Zucker, 4 Unzen Butter und Schmalz und 4
Eier, mische leicht, dann gebe 1 Pint Milch und dann 18 Unzen Kuchenmehl, ge=
siebt mit 1½ Unze Backpulver hinzu. Backe in heißem Ofen etwa 10 Minuten.

Jonny Cakes.

Dasselbe Rezept, gebrauche aber 2 Unzen Zucker und Butter mehr und backe
in langen flachen Formen.

Buckwheat Cakes.

Löse 2 yeast cakes in einer Tasse voll warmem Wasser auf, dann gebe 1
Quart Milch, 1 Theelöffel Salz, etwas corn meal und genüg Buchweizenmehl,
um einen steifen Brei zu erhalten. Mische gut und lasse in einem steinernen
Topfe über Nacht stehen. Morgens rühre gut auf und wenn nöthig, füge mehr
Milch oder Molasses hinzu. Backe auf einer heißen mit Speck geschmierten Eisen=
platte.

Wheat Cakes.

Schlage 2 Eier, ½ Theelöffel Salz und 1 Eßlöffel Zucker auf, dann gebe
½ Tasse Rahm oder Milch hinzu und schlage wieder gut auf, dann füge
genug Kuchenmehl hinzu, gesiebt mit 1 Eßlöffel Backpulver und schlage wieder
gut auf. Halte die Masse ziemlich dünn und backe schnell. Dies wird vielen als
eine zu kostspielige Masse erscheinen, doch muß dabei bedacht werden, daß die
Masse sehr dünn ist, sehr dünn ausläuft und mehr cakes liefert, und nebenbei
viel feiner wie gewöhnlichere Mischungen ist.

Weizen-Waffeln (Wheat Waffles).

Setze über Nacht 1 yeast cake, aufgelöst in 1 Quart lauwarmer Milch mit
genug Kuchenmehl zu einem dünnen Teige an. Am Morgen rühre leicht auf 4
Eier, 1 Handvoll Zucker und etwas Salz und gebe zum Teig, etwas Muskat=
nuß als Gewürz. Schlage das Ganze gut auf und backe in gut heißem Waffel=
eisen.

Grundteig I für Kuchen.

Setze weichen Vorteig gut warm von 7 Unzen Preßhefe, 3 Quart Milch, 1 Quart Wasser mit genug Mehl, schlage gut auf, setze warm, bis er bricht und zu fallen beginnt. Gebe 1¼ Pfund weiche Butter (kann auch halb Schmalz sein), 1½ Pfund hellen C Zucker, 8 bis 10 Eier, besser 1 Pint Eigelb, Citronen und Muskatblüthe, 2 Unzen Salz und noch 1½ bis 2 Quart gutwarme Milch. Arbeite gut durch, bis ganz zart. Halte den Teig gut weich. Lasse 1 Stunde gehen, schlage zusammen, lasse etwas länger ruhen und er ist fertig.

Gewöhnliche Buns.

Grundteig I wird jetzt etwas kleiner als Rolls abgebrochen, flach gedrückt und in grobem Zucker, auf geschmierten Pfannen warm gestellt, bis gut gegangen, warm gebacken (390—400 Grad).

Corinthen-Buns.

Dasselbe ; nur gebe genug gewaschene Corinthen dazu, bevor er abgebrochen wird. Die Eier können weggelassen werden.

Zimmt-Buns.

Von obigem Teig lasse die Eier weg, rolle in lange Streifen, etwa 12 Zoll breit. Streue mit Zimmt und Corinthen, schlage erst die obere Seite ⅓ über, dann die untere darüber, drücke etwas flach, schneide mit dem Scraper in 1 Zoll breite Stücke, setze nahe zusammen und nach dem Backen glasire dick mit Vanille= glasur.

Hot Cross-Buns.

Dasselbe wie Buns, nur wenn etwas angesprungen, drücke tief kreuzweise ein mit Scraper oder Kreuz=Ausstecher und wasche mit Ei. Können auch glasiert werden.

Zimmtkuchen.

Teig wie oben. Rolle 1 Pfundstücke etwa 10 Zoll lang und 8 Zoll breit, wasche mit geschmolzener Butter, bestreue gut mit Zimmtzucker und gehackten Mandeln.

Streußelkuchen.

Dasselbe, nur mit folgendem Streußel bestreut, bevor sie in den Ofen gehen : 1 Pfund gesiebtes Kuchenmehl, 1 Löffel Zimmt, ½ Pfund Staubzucker, alles gut vermischt, dann mit 5 Unzen geschmolzener Butter leicht verrieben. Dann leicht durch ein sehr großes Sieb gedrückt.

Grundteig II.

In 6 Quart Milch und 2 Quart Wasser, löse auf 7—8 Unzen Preßhefe, 1 Pfund feinen Zucker, Citronen und Muskatblüthe, oder Vanille, 1½ Unze Salz, schlage mit genug gemischtem Mehl ($^2/_3$ Brodmehl und $^1/_3$ Kuchenmehl) zart; verrühre dann 1¼ Pfund Butter und Schmalz mit 2 Pfund Zucker leicht, gebe 1 Pint Eier oder besser Eigelb langsam darunter und den anderen Teig, aber nicht auf einmal. Schlage alles gut auf, bis zart, gebe noch etwas Mehl dazu. Lasse gut aufgehen, warm, schlage zusammen, 1 bis 2 Mal, dann ist er fertig.

Napfkuchen oder Kugelhopf (Turkheads).
Auch Bund=Kuchen geheißen.

Wiege von obigem Teig Stücke von 12 bis 14 Unzen ab, wirke genug Sultana= und große Rosinen darunter, rolle in lange Streifen und lege in gut gebutterte Bundkuchenformen.

Kaffeekranz.

Von Grundteig II rolle 3 gleichgroße Stücke in dünne Rollen, drehe einen Zopf davon und verbinde die zwei Enden, einen Kranz bildend. Lasse auf Butterblech gut aufgehen, streiche mit Ei und backe ziemlich heiß (380—390 Grad).

Nachher, während noch warm, glasiere mit Vanille-Eiweißglasur. Kann auch vor
dem Backen noch mit Butter bestrichen und mit Zimmtzucker bestreut werden und
gespaltene Mandeln hineingesteckt. Wiege 12—14 Unzen für 10 Cents.

Zwieback.

Der obige Teig wird wie Fingerrolls, nur kleiner, aufgemacht, nicht so sehr
viel gehen lassen und leicht ausgebacken. Wenn möglich, lasse 1 Tag alt werden,
dann schneide mit scharfem Messer so, daß jeder Roll etwa 2 gleiche Schnitten
giebt. Röste auf reinen Pfannen schön leicht braun und hernach rolle in Zimmt-
oder Vanille-Zucker.

Feiner Napfkuchen.

Verrühre gut schaumig ¾ Pfund Butter und 6 Unzen Staubzucker, gebe 8
bis 10 Eigelb dazu, nach und nach 2½ Pfund Grundteig I, 2 abgeriebene Citro-
nenschalen, schlage alles gut leicht auf, bis er sich gut vom Boden loslöst.
Streiche die Formen gut mit Butter, belege den Boden mit gespaltenen, weißen
Mandeln, fülle löffelvollweise den Teig ein, lege genügend große Rosinen dazwischen und so fort, bis die Form halb voll ist. Dann setze zugedeckt warm, bis
zum Rand gegangen, dann backe bei 370—80 Grad.

Sehr fein sind dieselben, wenn mit guter Chocoladeglasur bestrichen, während noch etwas warm. Die Glasur wird gewöhnlich mit weichem, großen Pinsel aufgetragen.

Berliner Pfannkuchen.

Setze einen warmen Vorteig von 2 Unzen Hefe, 1 Pint Milch und genug
Mehl, halte weich, lasse nicht erst fallen, sondern nehme ihn, sobald er bricht.
Schlage ganz zart mit 4 bis 5 Eier, oder 10 Gelbe, ¼ Pfund Schmalz oder
Butter, ½ Pfund Zucker, Citronen und Muskatblüthe, oder Vanille, 1 Pint
warme Milch und genug Mehl zum weichen Teig. Lasse gut aufgehen, schlage
gut zusammen und lasse wieder ruhen. Dann breche in kleine Stücke ab, rolle
fest auf, setze in Reihen auf gut gestaubtes Backbrett, drücke etwas flach, gebe in
die Mitte etwas Jelly oder besser Marmelade, kneife von allen Seiten nach oben
zusammen, zu gutem Schluß, und setze den Schluß nach unten auf trockene, gut

geſtaubte Tücher, decke zu und laſſe gut aufgehen. Halte das Fett nicht zu heiß, da ſie ſonſt nicht ausbacken. Rolle nach dem Backen, wenn abgekühlt, in Zimmtzucker. Etwas Salz zum Teig.

Spritzkuchen. (French Crullers).

Behandle wie Windbeutel. Koche 1 Pint Waſſer und Milch, gemiſcht mit 6 bis 7 Unzen Butter, rühre raſch 14 Unzen Kuchenmehl (pastry) darunter; wenn etwas abgekühlt, gebe 10 bis 12 Eier dazu, 1 kleine Handvoll Zucker, Vanille, halte den Teig aber ſteifer als wie für Puffs, fülle in Dreſſierbeutel mit Sterntülle, dreſſiere Ringe davon auf mit Fett oder Oel beſtrichenes Papier, das gerade in den Fettkeſſel paßt. Iſt das Fett heiß und das Papier voll dreſſiert, ſo legt man daſſelbe umgeſtürzt hinein. Bald löſen ſich die Ringe los, worauf man das Papier herauszieht und wieder voll dreſſiert. Die Kuchen dürfen aber nicht zu ſchnell backen, ſonſt fallen ſie zuſammen.

Allgemeine Bemerkungen.

Wenn ein wenig Teig übrig ist, lege ihn in eine Schüssel, übergieße mit kaltem Wasser und gebrauche als Sauerteig für Schwarzbrod.

Hefe muß immer an einem kühlen trockenen Orte aufbewahrt werden.

Soll Fleischmann's yeast für längere Zeit aufbewahrt werden, so lege sie in einen Topf mit Wasser. Will man die Hefe gebrauchen, so gieße das Wasser ab, nehme mit einem Löffel die Hefe heraus und schütte wieder frisches Wasser auf die zurückbleibende. Ein Eßlöffel voll dieser Hefe ist gleich 1 yeast cake.

Der Ofen sollte gut durchheizt sein, ehe man backen will, dann wasche denselben gut aus um Dampf zu erzeugen.

Süßes Brod, Frucht-Buns und Kaffeekuchen können auch von Brodteig gemacht werden; sollten dieselben nicht so fein ausfallen, nehme etwas Butter und Zucker dazu, und lasse dann vor dem Aufmachen ruhen. Etwas Citronensaft oder Zimmt, und Yolkaline, kann mit Vortheil beigefügt werden.

Nehme nie mehr als einen Theelöffel Salz zu einem Quart Mehl. Zu viel Salz hindert das Brod am Aufgehen.

Brod, Biscuit oder Rolls sofort nach dem Backen mit Butter gewaschen, macht die Kruste schön zart und giebt dieser einen schönen Glanz.

Für Kaffeegebäck und Kuchen nehme immer ⅓ Kuchenmehl.

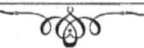

Neunte Abtheilung.

Glasuren, Farben, Füllungen u. s. w. Maß und Gewicht.

Form I.
Vanille-Glasur (deutsche Art).

Verrühre 1 Pfund gesiebten Staubzucker (genannt X X X X Confectioners') mit genug kaltem Wasser zart, ½ Theelöffel Vanille. Wenn glasiert, muß die Backwaare erst einige Sekunden im offenen Ofen abgetrocknet werden, um Glanz zu bekommen.

Citronen-, Orangen-, Annanas- und andere Frucht-Glasuren werden gerade so bereitet; nur die abgeriebene Schale und der Saft dazu gegeben.

Form II.
Chocolade-Glasur (gekocht).

Mit 1½ Pfund grobem Zucker setze 1 Pint Wasser an's Feuer; löse 6 Unzen bittere Chocolade auf und rühre zum Syrup. Lasse aufkochen bis zum Faden und nehme dann vom Feuer (230 Grad). Wasche an der Seite herunter, rühre öfters durch. Dann gebe wenig kalt Wasser nach, koche wieder bis zum Faden und nehme vom Feuer. Tabliere mit Spatel gegen die Seite der Kasserole, bis er abstirbt, d. h. heller und rahmig wird. Fahre so fort, bis sich oben eine gute Kruste bildet, wenn die Glasur einen Augenblick steht. Dann rühre gut durch und ist dieselbe fertig zum Gebrauch; muß aber sofort gebraucht werden, weil warm. Trockne die Waare dann erst im Ofen ab.

Form III.
Chocolade-Glasur (amerikanisch, sehr fein).

Verrühre 2 Pfund Staubzucker mit heißem Wasser ziemlich weich. Mittlerweile löse auch 5 Unzen Chocolade feingeschnitten mit Eigroß Butter auf. Verrühre zart und gebe langsam zum Zucker. Etwas Vanille. Verdünne und wärme.

Form IV.

Fondant-Glasur (Cream).

Koche 5 Pfund Zucker (granulirt), oder 4½ Pfund Zucker, ½ Glucose, zum Ballen (240 Grad) mit 1 Quart Wasser. Dann gieße auf reine, mit Eiswasser besprengte Steinplatte. Wenn abgekühlt, tabliere mit Spatel bis ganz weiß und hart. Werfe in Steintopf und stoße zusammen bis weich und zart. Bedecke mit feuchtem Tuch. Zum Gebrauch löse genug auf dem Feuer auf, bis dünn genug, aber nicht zu heiß.

Form V.

Kaffee-Glasur.

Koche 4 Unzen Jaffa-Kaffee mit 1 Pint Wasser halb ein, zugedeckt; dann gebe mit 2 Eßlöffel gebrannten Zucker zu 3 Pfund Fondant. Verrühre warm und zart. Gebrauche sofort.

Pistazien-, Rosen- und Mandel-Glasuren werden alle auf dieselbe Art bereitet, nur einen andern Geschmack und Farbe.

Form VI.

Vanille-Glasur (Amerikanisch).

Verrühre 1½ Pfund Staubzucker mit 2—3 Eiweiß und 12 Tropfen Essigsäure schaumig. Gebe noch ½ Pfund Zucker bei und genug kochendes Wasser, bis weich genug. 2 Löffel Vanille.

Walnuß-Glasur.

Zu Form VI gebe genug gehackte Walnüsse zum Füllen für layer-Kuchen.

Kokosnuß-Glasur.

Dasselbe, nur gebe genug frischgemahlene Kokosnuß dazu.

Form VII.

Gelatin-Glaſur.

Löſe 1 Unze Gelatin in ½ Pint Waſſer auf, wärme gut, verrühre mit genug Staubzucker und 1 Theelöffel cream of tartar ſchaumig. Dann verdünne mit heißem Waſſer. Geſchmack, Vanille, Citronen u. ſ. w.

Form VIII.

Spritz-Glaſur (Royal Icing).

Schlage 3—4 Eiweiß mit 1 Pfund Staubzucker und 8 Tropfen Eſſigſäure ſehr ſchaumig. Etwas blaue Farbe.

Gekochte Lebkuchen-Glaſur.

Siehe 7. Abtheilung unter Basler Leckerle.

Crême-Füllung.

Wenn 1 Quart Milch und 5 Unzen Zucker kochen, rühre raſch darunter 2 Unzen Kornſtärke, erſt mit 2 Eiern zart verrührt. Nehme vom Feuer, ſobald es dick wird. Gebe 1 Theelöffel Vanille bei.

Apfel-Füllung.

Rühre den Saft einer Citrone und deren Rinde, und 3 auf dem Reibeiſen abgeriebene Aepfel mit genug Staubzucker an. Rühre auf dem Feuer bis es anfängt zu kochen, dann gebe etwas mehr Zucker bei.

Orangen- und Citronen-Füllung.

Daſſelbe, nur nehme die abgeriebene Schale, den Saft und das Fleiſch von 3 Orangen oder Citronen.

Citronen-, Apfel- und Orangen-Geléefüllung.

Koche 1 Pint Waſſer, den Saft von 2 Citronen und ½ Pfund Staubzucker. Verrühre 1½ Unze Kornſtärke mit etwas Waſſer, wenig Salz und 1 Citronenſchale und gebe unter Rühren zu dem Syrup. Sobald es geléeirt, nehme vom Feuer, gebrauche wenn warm. Saft von Orangen, oder Saft von canned apples wird ebenso behandelt.

Schlagrahm (Whipped Cream).

Um Rahm gut schlagen zu können, soll er erst 24 Stunden alt sein, und heißt dann double cream. Muß unberührt an einem kalten Platze stehen, und kann dann noch länger gehalten werden; dann heißt er tripple cream. Alles muß zum Schlagen sehr rein sein, Kessel, Besen u. s. w. Setze in Schüssel mit Eis. Schlage nach einer Seite und langsam auf. Gebe dann auf jedes Quart 5 Unzen Staubzucker und einen Löffel Vanille, und setze zum Ruhen, damit die Milch sich setzt.

Für alle Glasuren u. s. w. sollte immer der feinste Staubzucker, genannt X X X X Confectioners' Sugar, gebraucht werden.

Rothe Farbe.

Mische in Porzellanschüssel (kein Blechgeschirr) ¼ Unze ganz fein zerriebene Cochenille, ¼ Unze gebrannten Alaun und ¼ Unze cream of tartar; alles wird mit 1 Pint kochendem Regenwasser übergossen; dann gebe langsam ¼ Unze salt tartari dazu, da dies es erst aufschäumen macht. Zuletzt 1 Gill Alkohol und ½ Unze gum arabic.

Gelbe Farbe.

Saffran, gut mit Flußwasser abgekocht, dann durch Glastrichter mit Filtrir= papier laufen lassen, und sie ist fertig. Für Glasuren wird gewöhnlich rother und gelber Carmin gebraucht.

Blaue Farbe.

Hierzu wird gewöhnlich Ultramarin gebraucht, aber es ist nur sehr wenig nöthig, da sie sehr stark ist. Zum Bemalen wird sie mit arabischem Gummi oder Staubzucker zerrieben.

Farbiger Streuzucker.

Siebe groben Zucker durch feines Sieb, alles Feine absondernd. Erwärme die Körner in einem Kessel, mache eine Höhlung in die Mitte und gieße die Farbe hinein. Ziehe erst langsam etwas Zucker hinzu, nach und nach mehr, bis aller Zucker gleich dunkel ist. Belege ein Blech mit dickem Papier, streue den Zucker darauf und setze, bis gut durchwärmt, in den Ofen. Rühre gut durch und wiederhole, bis aller Zucker trocken ist. Siebe nochmals und packe fort; halte vom Sonnenlicht fern.

Citronen- und Orangenzucker.

Reibe Citronen- oder Orangenschalen leicht ab, mische mit genug Staubzucker und lasse gut trocknen. Dann stoße fein und verwahre.

Vanillezucker.

Schneide 2 Unzen gesunde Vanilleschotten in kleine Stückchen und stoße mit 1 Pfund Stückzucker im Mörser ganz fein. Gebe erst einige Stücke Zucker dazu, dann siebe wieder durch ein feines Sieb, gebe mehr Zucker zum Stoßen, siebe wieder und fahre so fort, bis alles fein und gesiebt ist. Verwahre in luftdichter Büchse.

Orangen- und Citronen-Zest.

Um nur das feinste Aroma der Frucht zu erhalten, ohne den bitteren Beigeschmack, reibe die Schalen ganz leicht auf großen Stücken Zucker ab. Ist der Zucker gut damit getränkt, schabe dies ab und reibe mehr darauf; fahre so fort, bis alle Frucht abgerieben ist. Sehr fein für Gefrorenes, Crème und Glasuren.

Technische Benennungen.

Tablieren heißt Conservezucker, Fondant oder Glasur zu bearbeiten mit Spatel oder Scraper, daß er abstirbt oder granulirt.

Abrösten wird bei Crême, Marzipan u. s. w. gebraucht; welche man immer auf Feuer dick abrührt.

Dressieren. Mit Beutel, Cornat oder Blechspritze, Macronen, Konfekte u. s. w. auf Papier oder Pfannen in verschiedenen Façonen setzen.

Bouchées sind kleine Pasteten und Törtchen, mit Gelée als Crême= füllung.

Petit four sind feines Klein= und Dessertgebäck.

Gateaux sind größere Kuchen und Torten im Allgemeinen.

Vol-au-vent ist ein Ring von Blätterteig dick gebacken. Wird als Rand auf Platten gesetzt und innen dann mit Fleisch u. s. w. gefüllt.

Blanchieren heißt Mandelschalen abziehen, oder auch Früchte vor dem Einmachen in Salzwasser u. s. w. weich kochen oder abbrühen.

Backpulver. Ein sehr zuverlässiges Rezept, backt immer gut. Siebe durch ein feines Sieb 6 bis 7 Mal zusammen: 2 Pfund reinen (pure) cream of tartar, 1 Pfund Soda und 14 Unzen Kornstärke.

Backpulver, billiges. ½ Pfund cream of tartar, ½ Pfund Backsoda, 3 Unzen tartaric acid, 1 Unze Salz, 2 Unzen Amonia und 1 Pfund Kornstärke, 8 bis 10 Mal zusammensieben.

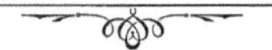

Tabelle für Maaße und Gewichte.

Flüssigkeiten.

2 Eßlöffel, gleich		=	=	=	=	1 Unze
1 Gill,	„	=	=	=	=	4 Unzen
1 Tasse,	„	=	=	=	=	8 „
½ Pint,	„	=	=	=	=	8 „
1 Pint,	„	=	=	=	=	16 „
1 Quart,	„	=	=	=	=	2 Pfund
1 Gill,	„	=	=	=	=	½ Tasse
2 Gill,	„	=	=	=	=	1 Tasse
4 Quart,	„	=	=	=	=	1 Gallone
31½ Gallonen, gleich		=	=	=	=	1 Barrel
54	„ „	=	=	=	=	1 Hogshead
250	„ „	=	=	=	=	1 Tonne

Deutsches Maaß und Gewicht.

1 Gramm, gleich		=	=	=		0,035 Unzen
31,5 Gramm, gleich		=	=	=	=	1 Unze
490	„ „	=	=	=		1 Pfund amerik.
½ Kilogramm,	„	=	=	=		1,102 Pfund
1	„ „	=	=	=	=	2,204 „
1 Liter	„	=	=	=	=	1 Quart (schwach)
1 Meter,	„	=	=	=	=	1,093 Yard
18 bis 20 Eiweiß sind 1 Pint,						
8 bis 9 Eier sind 1 Pfund,						

Um sicher zu sein, daß man unverfälschte, reine Backsoda
oder Saleratus erhält, sehe man immer darauf, daß die

Arm und Hammer

Schutzmarke

auf jedem Packet ist.   Kostet nicht mehr, wie lose, minderwerthige
Soda.

Verdirbt niemals das Mehl.   Wird nicht hart und gelb.   Ist das allerbeste
für Backpulver.   Unübertrefflich, wenn mit saurer Milch gebraucht.   Spart viel
Zucker beim Einkochen von saurer Frucht; 1 Theelöffel zu je 3 Quart.   Ist über=
haupt unentbehrlich für jeden Bäcker Koch und Hausfrau.   Hält Milch süß im
Sommer.   Fabriziert nur bei

CHURCH & CO.,

New York, N. Y.

Verkauft bei jedem Grocer und Jobber.

Bestellt brieflich unser Arm und Hammer Rezepten=Buch

Zehnte Abtheilung.

Auflaufe, Bonbons, Croquant, Conserve u. s. w.

Fondant (Cream).

Setze 10 Pfund groben Zucker mit 2 Quart Wasser auf's Feuer. Wenn kochend, gebe 1 Theelöffel cream of tartar, aufgelöst in Wasser dazu. Decke den Kessel zu. Von Zeit zu Zeit wasche die Innenseite mit Wasser ab. Koche bis zum Ballen, 242 Grade und behandle wie Fondant für Glasur (9ter Theil).

Marzipan (amerikanischer).

Schneide 2 Pfund almond paste in dünne Scheiben. Streue diese auf mit Eiswasser besprengte Marmorplatte. Mittlerweile koche 5 Pfund Zucker wie für Fondant, gieße über die Mandelmasse, und wenn kühl, arbeite wie oben.

Conserve (für Ostereier und Figuren).

Koche 5 Pfund Stückzucker mit 1 Quart Wasser zum Ballen, 240 Grade, dann tabliere an den Seiten mit dem Spatel, und wenn aller Zucker zu granuliren beginnt, gieße sofort in die Formen. Formen hierzu sind von Gyps und müssen erst gut in Wasser eingeweicht werden.

Conserve für Candy.

Koche 4½ Pfund Zucker mit 1 Quart Wasser und 1 Pfund Glucose zu 239 Grade, dann rühre 4 bis 5 Pfund Fondant darunter. Diese Conserve kann in Stärke gegossen werden, worin man kleine Gyps-Formen, für French Mixed Candies, abdrückte. Ist auch gut für Ornamental-Arbeit, wie Tempel u. s. w., auf geölte Marmorplatte zu gießen.

Croquant oder Nougat.

Laſſe in Kaſſerole 1½ Pfund Zucker, unter ſtetigem Umrühren, auf nicht zu
ſtarkem Feuer ſchmelzen, und rühre dann 1 Pfund langgeſchnittene oder gehobelte
weiße Mandeln darunter, welche erſt gut aufgewärmt werden. Dann nehme ein
Stück davon auf eine gut geölte Platte und rolle mit geöltem Rollholz dünn.
Schneide dann in gewünſchte Schnörkel u. ſ. w. für Aufſätze oder in Schnitten,
welche man, weil warm, auf runde Bleche oder Hölzer legt, damit ſie ſich biegen.
Will man jedoch in Formen Muſcheln, Körbe und Oſtereier ausdrücken, ſo nimmt
man beſſer etwas Glucoſe zum Zucker und hält bis zum Gebrauch in heißem
Waſſerbade, damit er nicht zu ſchnell kalt oder hart wird.

Caramel.

Koche 5 Pfund Zucker, 1 Quart Waſſer und etwas cream of tartar zu 284
Grade oder zum Bruch. Gieße dann in ölbeſtrichene Formen oder auf geölte
Bonbon-Platte, auf welche man erſt ſeine Ornament-Theile mit Spritzglaſur
aufzeichnete.

Papilotten- oder Caramel-Bonbons

werden von dieſem Zucker gemacht. Nachdem der Zucker fertig gekocht, gefärbt,
und der gewünſchte Geſchmack hineingegoſſen, wird er dünn auf eine geölte Platte
ausgegoſſen und raſch mit Meſſer am Boden losgelöſt. Dann ſchneide mit eiſer-
nem Caramelmeſſer in kleine Vierecke; drehe die Platte um, reibe das Oel ab
und breche.

In Europa werden dieſe vielfach in farbige Papiere eingewickelt und den-
ſelben „Motto-Verſe“ beigelegt.

Saure Lemon-Drops (Iceland Moos Drops)

werden von demſelben Zucker gegoſſen, nur etwas höher gekocht, abgekühlt und
durch Rollers oder Drop-Maſchinen laufen laſſen. Für alle ſauren candies gebe
auf je 5 Pfund Zucker 1 Unze tartaric acid, nachdem er auf die Steinplatte
gegoſſen wurde.

Caramelen (amerikanische).

Setze in einem Kessel 4 Pfund Zucker, 1½ Pfund Glucose und 1 Quart
süßen Rahm auf ein gelindes Feuer. Gewöhnlich wird etwas Butter, oder besser
Caramel=Butter (von der Waverley Mfg. Co.) beigegeben. Rühre beständig,
bis etwas dick, dann gebe noch 1 Quart Rahm dazu. Koche bis ziemlich dick, so
daß man, wenn man mit dem Spatel durchfährt, den Boden sehen kann. Nehme
mit einem Stäbchen ein wenig heraus und tauche in Eiswasser, wenn es sich noch
zusammendrücken, hernach aber brechen läßt, ist er fertig. Gieße dann Vanille
oder anderen Geschmack hinzu, gieße auf geölte Platte, auf die man mit eisernen
Stäben eine Einzäunung machte und lasse erkalten. Dann schneide in kleine
Würfel, welche in Wachspapier eingewickelt werden. Giebt man etwas Paraffin
bei, dann kann man diese auch uneingewickelt halten.

Chocolade- oder Maple-Caramelen.

Gebe nur ¾ Pfund Chocolade oder 2 Pfund Maplezucker mit auf's Feuer.

Gezogene Cream-Candies.

Setze 5 Pfund Zucker mit ½ Pfund Glucose und 1½ Pint Wasser auf ein
gutes Feuer und koche bis zu 264 Grad. Gieße auf die Platte, und wenn etwas
abgekühlt, ziehe auf dem Candyhaken, Vanille=, Citronen=, Rosen= oder sonstigen
Geschmack darüber gießend. Wenn schön leicht und rahmig, forme in lange
Streifen, schneide in Pfund= und Halbpfund=Stücke und packe in Wachspapier.
Etwas Caramelbutter oder Paraffin kann dazu gegeben werden und macht es
dieses mehr wie Gummi.

Vanille-Bonbons.

Von trockenem Fondant, mit Vanille, rolle ganz kleine Ballen; wenn etwas
angetrocknet, überziehe mit gut erwärmtem Fondant, welcher mit etwas Syrup
verdünnt wird. Setze auf Wachspapier.

Citronen-, Rosen-, Walnuß-, Maple-Bonbons.

Diese werden alle auf dieselbe Weise gemacht, nur wird anderer Geschmack zur Füllung gegeben; die Außenseite des Crêmes entsprechend gefärbt.

Felsenzucker.

Koche 2½ Pfund Zucker zum schwachen Bruch (278 Grad) und rühre dann rasch 1 Eßlöffel schaumige Spritzglasur darunter. Sobald der Zucker aufquillt, gieße ihn sofort auf eine geölte Platte, wo er sogleich erstarrt. Der Glasur kann erst braune, dann rothe und zuletzt violette Farbe beigefügt werden, damit der Felsenzucker grotesk aussieht. Der Spritzglasur muß immer acetic acid beige= geben werden.

Gebrannter Zucker (Couleur).

In Kasserole löse 1 Pfund braunen Zucker unter Rühren auf; lasse ganz dunkel werden bis er raucht und anfängt aufzubrausen. Rühre dann 1 Pint Wasser darunter und lasse wieder auflösen.

Carmelieren.

Dazu kocht man den Zucker wie für deutsche Caramelen, aber höher, 310 Grad. Die zu überziehenden Früchte, Nüsse u. s. w., lege vorsichtig hinein und nehme mit Bonbon=Gabel heraus.

Thermometer und Grade beim Zuckerkochen.

Am sichersten geht man, Zucker nach Graden des Thermometers zu kochen. Das Verhältniß ist, wenn der Zucker etwa 10 Minuten kocht, wird er die erste Probe haben, nämlich:

Zum Faden (kleinen)	=		=		oder 228 Grad.
„ „ (großen)	=	=	=	=	„ 235	„
„ Ballen (weichen)	=		=		=	„ 240	„
„ „ (starken)	=	=		=		=	„ 246	„
Zu Bruch (kleinen)	=		=		=	„ 265	„
„ „ (starken)	=		:		=	„ 300	„
„ Caramel (gelbe)	=		=		=	„ 330	„

Domino-Steine.

Backe Wiener= oder Orangen=Kuchenmasse (4. Abtheilung) ½ Zoll dick in einer Kapsel. Schneide 2 Zoll breite Streifen und streiche mit Gelée dünn. Rolle eine dünne Platte Marzipan und lege die Streifen, Gelée nach unten, darauf; drehe um, glasiere dünn und schneide scharf in ¾ Zoll breite Schnitten. Dann ziehe in der Mitte mit rother Glasur eine Linie und spritze auf beide Hälften Chocolade=Punkte darauf.

Würfel.

Von derselben Kapsel schneide Würfel 1 Zoll im Viereck, überziehe ganz mit dünner Fondant=Glasur, verschiedenfarbig, und lege obenauf je 2 Streifen andersfarbiger Glasur kreuzweise.

Kartoffeln.

Kleine Stückchen sponge cake streiche mit Syrup, überziehe mit Marzipan, streiche mit gebrannter Zuckerfarbe und rolle in geriebener Chocolade. Steche mit spitzem Hölzchen verschiedene Löcher hinein und stecke in dieselben dünn gespaltene weiße Mandeln.

Aepfel, Birnen und Pfirsiche

von Meringue sehen sehr fein aus. Eine dünne Wiener Kapsel bestreiche mit Gelée. Schlage und backe eine Schaummasse wie für Crême=Kisses (6. Abtheilung) auf nassem Brett, in Façon von Aepfeln u. s. w. dressirt. Setze auf die Kapsel, schneide durch und besprenge mit etwas rother Farbe. Glasiere dann dünn mit Wasser=Glasur.

Von Marzipan und Kapsel lassen sich die verschiedensten Sachen leicht machen, bei Anwendung verschiedener Glasuren, Farben und Füllungen.

Auflauf (Mandel).

Reibe 2 Unzen geschälte Mandeln sehr fein mit 1 Eiweiß und genug Staubzucker. Dann gebe halbsteifen Schnee von noch 3 Eiweiß dazu und wirke mit 1¾ Pfund Staubzucker zu Teig. Rolle ⅛ Zoll dick und steche aus wie Rosetten,

Sterne, Halbmonde u. s. w. Trockne einige Stunden auf mehlbestaubten Blechen und backe sehr kalt. Glasiere mit dünner Wasser=Glasur, male und schmücke, oder streue mit farbigem Streuzucker.

Vanille-Auflauf.

Ganz dasselbe, nur lasse Mandeln weg, und gebe einige Tropfen Alkohol und 1 Löffel Vanille hinzu.

Rosen-, Chocolade- und Citronen-Auflauf.

Gebe nur andere Farbe und Geschmack bei.

Es ist gewiß eine große Beruhigung mit der Ueberzeugung zu arbeiten, daß man ein reines, unverfälschtes

BAKING POWDER

gebraucht, die Formulare von dessen Bestandtheilen auf jeder Kanne gedruckt sind, wodurch Sie genau wissen, was Sie essen. So ist es mit CLEVELAND'S BAKING POWDER. Es ist rein und unverfälscht.

Es ist das reinste, und ein unverfälschtes Backpulver.

Es ist das stärkste und zuverlässigste Backpulver.

Es ist eine große Genugthuung, wenn man Cake und Biscuits in einen guten, richtig geheizten Ofen setzt und dann ganz genau weiß, daß sie richtig backen. Dieses ist immer der Fall, wenn Sie

CLEVELAND'S BAKING POWDER

gebrauchen. Es arbeitet immer gleich—sicher!

Empfehlungen.

Am Schlusse dieses Buches möchte ich mir noch einige Bemerkungen über die angeführten Anzeigen erlauben. Nur die liberale Mitwirkung der verschiedenen Firmen hat es mir möglich gemacht, dieses Buch zu solch niedrigem Preis zu offeriren. Alle Anzeigen kamen aber auch von einer Klasse Geschäftsleuten, deren Namen jeden Zweifel an die Qualität der resp. Waare ausschließt. Da ich mit den annoncirten Waaren aller dieser Geschäftsfirmen seit Jahren direkt bekannt bin, kann ich mit Genugthuung dieselben empfehlen und rechne es mir selbst als eine Ehre an, daß solche Leute mein Unternehmen unterstützten und damit den Werth dieses Buches anerkennen.

A. Reid's transportable eiserne Backöfen sind perfekt in jeder Beziehung. Da ich denselben selbst gebrauche, habe ich die nöthige Hitze, wie in manchen Rezepten angegeben, so angeführt, wie ich sie von dem Thermometer dieses Ofens als richtig fand. Die einfache, aber praktische Construktion des Ofens muß Jedermann sofort überzeugen, daß man damit viel Feuerung sparen kann und daß er ebenso gut zum Braten von Fleisch und Geflügel ist, alswie zum Backen. Siehe Abbildung, Seite 5.

"The Helper." Gewiß ist jede einzelne Monatsnummer dieses Fachblattes für jeden Bäcker oder Conditor mehr werth, als er für's ganze Jahr dafür bezahlt; es ist jetzt auch eine **deutsche Abtheilung** damit verbunden, redigirt vom Verfasser dieses Buches. Siehe Anzeige, Seite 6.

Bei der Bereitung von Mayonnaise, Salade, Fritters u.s.w. spielt die Qualität des Salad-Oels gewiß eine Hauptrolle. Aus persönlicher Erfahrung empfehle ich für dessen Feinheit das berühmte **Alphonse Pinard Virgin Olive Oil**, importirt von der Firma Reiß & Brady, New York. Siehe Seite 18.

Kingsford's Oswego Corn Starch ist bekannt und wird gebraucht in allen Welttheilen, holt sich auf allen Ausstellungen die besten Preise, giebt immer die feinsten Desserte und ist immer von derselben ausgezeichneten Qualität, wofür die Firma seit über 50 Jahren bekannt ist. Siehe Seite 19.

Auf Seite 33 finden Sie eine Anzeige von E. C. Hazard & Co. für **Ox-Brand Gelatine,** welcher für Gelées und kalte Desserts überall beliebt ist.

Wer ein belehrendes, unterhaltendes und nützliches Fachmagazin lesen will, abonnire auf die "SUPPLY WORLD." Siehe Seite 34.

Colton's Flavoring Extracts sind überall zu finden, wo die gute Qualität der Waare die Hauptsache ist. Siehe die Referenzen der besten Hotelleute auf Seite 48.

Volkaline. Jeder fortschrittliche Bäcker und Pastrykoch weiß dessen Werth zu schätzen und kann sich auf dessen Reinheit und Unschädlichkeit in Speisen verlassen. Siehe Seite 59.

Die Firma Schall & Co., New York, ist seit langen Jahren rühmlichst bekannt wegen ihrer Novitäten in Cake Ornaments und als Importeure der feinsten Oster- und Weihnachts-Spezialitäten. Siehe Seite 60.

Jeder Bäckermeister oder Conditor und Caterer weiß, welcher Unterschied zu finden ist in Korbwaaren. Alle B r o d k ö r b e, für die Backstube und zum Transport, von der Firma **Tanner Bros.,** Kaukauna, Wisconsin, geliefert, sind bekannt als die stärksten und leichtesten. Sende nach illustrirter Preisliste. Siehe Seite 69.

Almond Paste, Macronen und **Henry Heide** sind unzertrennlich. Das heißt, Herr Henry Heide fabrizirt seit 20 Jahren den besten Mandelteig für Macronen, der Euch alle Mühe und Arbeit erspart, wie ich aus Erfahrung weiß. Siehe Seite 70.

Soda oder Saleratus spielt in der Bäckerei eine Hauptrolle und, da so viele minderwerthige Fabrikate auf dem Markte sind, gehen Sie immer sicher, wenn Sie nach der Arm and Hammer Schutzmarke auf dem Packet sehen. Die Fabrikanten desselben sind Church & Co., welche für die Reinheit ihrer Soda garantieren. Siehe Seite 78.

Dem Wunsche vieler Kollegen entsprechend, habe ich eine Partie exakt passender **Tüllen und Dressierbeutel** nach eigenem Muster machen lassen, die ich als billige und bessere Arbeit empfehle. Siehe Anzeige, Seite 87.

Fleischmann's Yeast ist so rühmlich bekannt und immer frisch und gut, daß es sich wirklich nicht mehr lohnt, sich selbst mit Herstellung von Hefe abzugeben. Der Verfasser selbst hat schon manchen Centner davon verbraucht, ohne jede Enttäuschung. Ist immer von gleicher Güte. Siehe Seite 88.

Die Firma **Atmore & Son** in Philadelphia ist rühmlichst bekannt durch die ausgezeichnete Qualität ihres Fabrikats. Mince Meat und Plum Pudding von Atmore & Son sind noch so geschätzt und beliebt wie vor 50 Jahren. Siehe Seite 20.

In den meisten, auch größten, Bäckereien wird jetzt **Bond's** zubereitetes Boston Braun=Brobmehl gebraucht und Bond's Gluten Germ Whole Wheat Flour. Es spart Zeit und Arbeit, ist immer gleichmäßig gemischt und frisch. Siehe Seite 89.

Auf Seite 90 finden Sie die Abbildung von einem Perry Brown Bread Steamer und Morton Egg Beater, von **Crandall & Godley Co.**, New York. Seit langen Jahren ist diese Firma überall bekannt wegen ihrer reellen Bedienung und großen Auswahl in Bäckerei= und Conditorei=Ausstat= tungen.

Die "Angle Lamps" kann ich selbst aus Erfahrung bestens empfehlen ; die Dochte sind blos 10 Zoll lang und hielten von Mai bis März nächsten Jahres aus, obgleich dieselben jede Nacht gebraucht wurden. Der Oelverbrauch ist kaum als eine Auslage zu betrachten und ist die Backstube taghell bis in jede Ecke erleuchtet. Siehe Seite 100.

Cleveland's Baking Powder ist anerkannt als unübertroffen wegen seiner Stärke, Reinheit und Qualität. Trotz der enormen Opposition vergrößert sich das Geschäft dieser Firma immer mehr. Ich selbst kann aus Erfahrung sagen, daß ich mit „**Cleveland's**" Backpulver immer extra feine Waare herstellte und man sich auf dessen Stärke verlassen kann. Siehe Seite 115.

THE HELPER FOR CONFECTIONERS AND BAKERS

H. R. CLISSOLD, Proprietor and Editor.

SECURITY BUILDING, - CHICAGO, ILL.

A Monthly Trade Journal. Is always up to the Times !

CONTAINS:

Helps for Bakers.

Helps for Caterers.

Helps for Confectioners.

News, Wrinkles and Notions.

Improvements and News of the Trade,

and Correspondence, concerning every Branch of the Trade.

Published the 1st of every month. One dollar per year.

Illustrations and Designs are especially prepared for the "HELPER" by competent artists.

Messrs. C. H. KING and EMIL BRAUN are specially engaged for this Journal.

All inquiries about recipes and concerning the trade are promptly answered, both in English and German.

Advertisements in our **BUSINESS CHANCES** Departments are sure to bring best results.- Only 10 Cents a line.

If you want to buy, sell or want to change situation, advertise in the "HELPER."

Inhalts-Verzeichniß.

Dritte Abtheilung.

Vierte Abtheilung.

Fünfte Abtheilung.

Zeitfracht Medien GmbH
Ferdinand-Jühlke-Straße 7
99095 Erfurt, Deutschland
produktsicherheit@kolibri360.de